# GENÈVE

# Genève
## rien que pour vous

**Ceux qui n'ont jamais franchi le Jura s'imaginent parfois que Genève est une métropole immuable où l'on ne croise que des gestionnaires de fortune et des courtiers raisonnables. Or, derrière la cité d'affaires se cache une autre Genève, légère, décoiffante, qui pétille presque autant que la boisson gazeuse inventée à la fin du XVIII$^{e}$ s. par M. Schweppes dans sa petite pharmacie de la rue de la Croix-d'Or !**

Si le voyageur a parfois une image un peu faussée de la plus française des villes suisses, c'est parce qu'au sortir de la gare, il se contente souvent de filer vers les Rues-Basses dont les vitrines cultivent à l'envi l'art du luxe, pour ne retenir au final qu'une rigide et grisâtre enfilade de banques. Or, Genève n'est pas qu'une ville d'argent. C'est aussi une ville riche de culture (à elle seule, elle abrite une trentaine de musées, dont plusieurs n'ont pas leur pareil dans le reste du monde). C'est aussi une ville agréable : flânez sur les berges du lac à l'heure où il frissonne d'un léger ressac sous les teintes violettes du soleil couchant, pique-niquez au milieu des cèdres du parc La Grange, ressourcez-vous aux bains des Pâquis et vous comprendrez pourquoi elle figure en très bonne place sur la liste des villes *jouissant de la meilleure qualité de vie ! Enfin, c'est aussi, et peut-être* surtout, une ville riche d'esprit. De cet esprit pacifiste et si résolument universaliste qui a fait dire à Talleyrand en 1815, lors du congrès de Vienne : « Il y a cinq parties du monde : l'Europe, l'Asie, l'Afrique, l'Amérique et Genève. » Alors, n'hésitez pas à sillonner ce nouveau « continent » ! C'est la porte à côté et on a tout à gagner à le mieux connaître…

## Dans les coulisses **du guide**

Vous avez entre les mains la dernière édition de notre guide. Et dernière édition, ça veut dire quoi ? Depuis 15 ans que la collection existe, nous envoyons systématiquement un **auteur** sur place, à chaque nouvelle édition. Sa mission ? Dénicher des nouvelles adresses, flairer les tendances, être à l'affût des quartiers qui bougent, bref vous livrer le meilleur de la ville.
Et pour les photos, c'est la même chose. Nous avons une équipe de **photographes** qui se charge de réaliser des reportages sur-mesure et dédiés uniquement à la collection.

## Un Grand Week-end à Genève **sur Facebook**

Retrouvez-nous sur Facebook ! Nous partageons au fil des jours les toutes dernières adresses, nos photos coups de cœur, les événements à ne pas manquer, les trucs et astuces qu'il faut connaître et surtout nous répondons à toutes vos questions. Avec *Un Grand Week-end*, vous ne voyagerez plus jamais seul…

**www.facebook.com/GuidesUnGrandWeekend**

# Calendrier des événements à Genève

**À elle seule, la rubrique « Actualité culturelle » du site www.ville-ge.ch/culture recense chaque année plus d'une centaine de manifestations à Genève. Si le Salon de la haute horlogerie est réservé aux professionnels, les autres rendez-vous sont publics et très souvent gratuits : journées portes ouvertes des ateliers d'artistes, course de l'Escalade, coupe de Noël dans les eaux du lac (p. 53)… Pour vous permettre de mieux ajuster les dates de votre voyage et vous donner, par la même occasion, un petit aperçu de l'ambiance qui règne dans la cité lémanique, voici quelques-unes des festivités qui vous y attendent…**

## Février

### Black Movie

Ce festival de cinéma, novateur et décomplexé, propose de découvrir pendant dix jours les réalisateurs confirmés et les talents émergents de l'hémisphère Sud (p. 31). S'adresse aussi au jeune public !

**www.blackmovie.ch**

## Mars

### Salon de l'automobile

Chaque année, le Palexpo accueille le plus grand salon de l'automobile européen : 260 exposants, 1 000 marques et… 715 000 visiteurs.

**www.salon-auto.ch**

## Juin

### Le Bol d'Or

C'est en juin que la Société nautique de Genève, établie au Port-Noir, organise le fameux Bol d'Or – la plus prestigieuse de toutes les régates européennes sur plan d'eau fermé –, qui consiste pour plus de 500 mono- ou multicoques à faire le tour du lac en un minimum de temps. Ce qui n'a rien d'aisé… quand on sait l'humeur capricieuse du Léman !

**www.boldor.ch**

### Fête de la Musique

Récital de piano, jazz manouche ou concert de harpe… : deux jours durant, la musique s'en donne à cœur joie dans les rues de la ville.

**www.fetedelamusique.ch**

## Juillet-août

### Lake Parade

À la mi-juillet, 150 DJs se relaient sur les quais pour faire de la Lake Parade le rendez-vous incontournable des fans de musiques techno et house.

**www.lakeparade.ch**

### Fêtes de Genève

Elles se déroulent de la 3e semaine de juillet à la 2e semaine d'août. Au menu : 130 concerts, un tour du monde gastronomique, une fête foraine, des courses d'aviron et de garçons de café… un programme varié qui se termine par un feu d'artifice « pyromélodique ».

**www.fetes-de-geneve.ch**

### Vogue de Carouge

En Suisse romande, le mot « vogue » désigne une fête patronale au cours de laquelle on danse, on boit et on se restaure. La vogue de l'ancienne cité sarde n'échappe pas à la règle : elle bat son plein chaque année, fin août, autour de la place du Marché !

**www.carouge.ch**

## Septembre

### Festival de la Bâtie

Le meilleur de la jeune création contemporaine,

dans le domaine de la danse, du théâtre et de la musique (1re quinzaine de septembre)

**www.batie.ch**

### Journées du patrimoine

Le 2e week-end du mois, les services du Patrimoine du canton ouvrent au grand public les portes de certains monuments historiques autour d'un thème bien précis. L'occasion de visiter, qui sait, les combles du collège Calvin ou les dépendances de la villa La Grange !

**www.venezvisiter.ch**

### Design Days

Tous les deux ans (en alternance avec Lausanne), Genève vit pendant quatre jours à l'heure du design avec une vingtaine d'expos à travers la ville. Des navettes gratuites permettent de courir d'un showroom à l'autre. Une occasion unique et festive de découvrir la création helvétique ! Prochaine édition en septembre 2013.

**www.designdays.ch**

### Fête des Vendanges

Elle a lieu chaque année dans le charmant village de Russin (p. 21). On y célèbre le vin nouveau avec force fanfares, dégustations de spécialités locales et bals dans les guinguettes.

**www.russin.ch**

## Novembre

### Cinéma tous écrans

Un remarquable festival qui permet de découvrir une quinzaine de films originaux, inédits ou en première internationale (p. 31).

**www.cinema-tous-ecrans.ch**

## Décembre

### Avent

C'est le temps du marché de Noël et des arbres habillés de mille feux (p. 119) !

**www.arbresetlumieres.ch**

### L'Escalade

Cette fête commémore les heures héroïques du 11 au 12 décembre 1602 durant lesquelles les Genevois ont repoussé les troupes du duc Charles-Emmanuel de Savoie qui tentaient d'escalader les murailles de la cité. La Compagnie de 1602, en costumes d'époque, défile aujourd'hui à la lueur des torches tandis qu'un feu de joie crépite dans la cour de Saint-Pierre. Toute la ville vit alors au son des fifres, des tambours et du *Cé qu'è lainô* !

**www.1602.ch**

### 2013-2014

On attend l'expo Alfred Baur pour les 50 ans de la fondation Baur et *Les rois Mochica, divinité et pouvoir dans le Pérou ancien,* lors de la réouverture du MEG (p. 57) en octobre 2014 ! En août 2013, au Musée Ariana, c'est le céramiste japonais Akio Takamori qui expose ses *Portraits ordinaires.*

### EXPOSITIONS TEMPORAIRES

Pour connaître le programme, consultez la brochure *Expositions* éditée par le département de la Culture de la Ville de Genève et disponible à l'Arcade d'information (p. 54). Ou consultez les sites suivants :

- la maison Tavel, le musée Ariana, le musée d'Art et d'Histoire, le musée Rath et le Cabinet d'arts graphiques : www.ville-ge.ch/mah
- musée d'Ethnographie (annexe de Conches) : www.ville-ge.ch/meg
- musée d'Histoire des sciences : www.ville-ge.ch/mhs
- Muséum d'histoire naturelle : www.ville-ge.ch/mhng
- musée des Suisses dans le monde : www.penthes.ch
- fondation Baur : www.fondation-baur.ch
- musée d'Art moderne et contemporain (Mamco) : www.mamco.ch
- musée Barbier-Mueller : www.barbier-mueller.ch
- musée de Carouge : www.carouge.ch

# LE MEILLEUR DE Genève

**Musées, monuments, mais aussi balades ou activités, voici ce qu'il ne faut pas manquer à Genève. Vous retrouverez toutes nos suggestions détaillées au fil des pages de ce guide.**

## Musées et monuments

### Le musée d'Art et d'Histoire
Voir Visite n° 4, p. 49 et « Zoom sur » p. 74.

### La Fondation Baur
Voir Visite n° 4, p. 49 et « Zoom sur » p. 77.

### La maison Tavel
Voir Visite n° 2, p. 43 et « Zoom sur » p. 79.

### Le Patek Philippe Museum
Voir Visite n° 8, p. 57 et « Zoom sur » p. 81.

### Le musée Ariana
Voir Visite n° 12, p. 65 et « Zoom sur » p. 76.

### Le MICR
Voir Visite n° 12, p. 65 et « Zoom sur » p. 82.

### La cathédrale Saint-Pierre
Voir Visite n° 2, p. 43 et « Zoom sur » p. 83.

## Balades dans les parcs

### Jouer aux échecs géants dans le parc des Bastions
Voir Visite n° 3, p. 47.

### Humer les roses au fond de La Grange
Voir Visite n° 15, p. 71 et « Zoom sur » p. 80.

### Contempler le Léman depuis la villa Bartholoni
Voir Visite n° 12, p. 64 et « Zoom sur » p. 78.

### Lézarder dans les serres du Jardin botanique
Voir Visite n° 12, p. 65.

## Vivre à l'heure de Genève

### Bourlinguer en Mouette sur le lac
Voir « Comprendre Genève et les Genevois » p. 22 et Visiter Mode d'emploi p. 37.

### Aller bruncher « Ô calme » ou « Tout simplement »
Voir Séjourner p. 97 et Visite n° 15, p. 71.

### Faire un saut au marché de Carouge et aux puces de Plainpalais
Voir Shopping, p. 118-119.

### Prendre le téléphérique pour voir les crêtes bleutées du Jura
Voir « Comprendre Genève et les Genevois » p. 23.

### S'offrir un renversé dans le lounge d'un grand hôtel
Voir Visite n° 6, p. 53 (Le Métropole), et Visite n° 9, p. 59 (Les Bergues).

### Se baigner aux Pâquis à l'heure de la fondue
Voir Visite n° 11, p. 63.

### Découvrir la crème de l'underground à l'Usine
Voir Sortir p. 134.

# Partir à Genève

## Climat

Genève se situe à 373 m d'altitude, dans une cuvette limitée par le Jura au nord et le Salève au sud. Elle révèle ses meilleurs atouts pendant les demi-saisons. En hiver, les pluies sont peu intenses, mais la bise du nord-est est très rude. Prévoyez gants et cache-nez pour arpenter le pont du Mont-Blanc ou les Rues-Basses ! En été, la température est agréable (19 °C en moyenne en juillet), les rives du Léman toujours ensoleillées mais les averses assez fréquentes. **Météo** au ☎ 162 ou 0900 162 160 (depuis la Suisse), ☎ 0041 848 800 162 (depuis l'étranger) ou www.meteosuisse.ch

## Comment partir ?

Pour un séjour de courte durée, le train reste la meilleure formule. Mais si vous décrochez une place sur un vol *low cost*, l'avion est une autre option.

### Par le train

Neuf trains relient chaque jour Paris (gare de Lyon) et Genève (gare de Cornavin). Le voyage dure environ 3h : le premier TGV quitte Paris à 7h09 et

arrive à Genève à 10h14, le dernier part à 19h09 et vous dépose à la gare de Cornavin à 22h17. Dans le sens Genève-Paris : premier départ à 5h52 (arrivée à Paris à 9h03), dernier départ à 19h41 (arrivée à 22h49). Si vous résidez dans la région lyonnaise, vous pourrez prendre l'un des quinze trains qui desservent chaque jour Genève (meilleur temps de parcours : 1h50). Par ailleurs, un TGV relie tous les jours Montpellier à Genève : départ de Montpellier à 17h26 (arrivée à Genève à 21h14) ; départ de Genève à 14h41 (arrivée à Montpellier à 19h30). Le prix du billet est raisonnable : la SNCF propose, selon les places disponibles, un aller-retour Paris-Genève en 2$^{de}$ classe à 50 € (tarif « Piccolo » non modifiable non remboursable) aux voyageurs qui réservent 90 jours à l'avance. Les moins de 25 ans peuvent bénéficier de tarifs encore plus avantageux. La gare de Cornavin est située au centre-ville et reliée aux Rues-Basses (voir p. 50) par les bus ou trams nº 1, 3, 5, 6, 8 et 10.

**SNCF** en France
☎ 36 35
www.voyages-sncf.com
**SNCF** à Genève
11-15, rue de Lausanne (C2)
☎ 0900 900 902
(1,19 Fr/min)
sncf@raileurope.ch
Lun.-ven. 8h30-18h,
sam. 9h30-13h30.
**Gare Cornavin**
Place Cornavin (B2)
☎ 0900 300 300 (24h/24)
www.cff.ch/france ou
www.tgv-lyria.com

## En avion

Deux compagnies aériennes se partagent le ciel entre Paris-Charles-de-Gaulle (terminal 2) et Genève-Cointrin (AIG) : la compagnie nationale suisse – Swiss International Air Lines – et Air France. Elles assurent à elles deux une quinzaine de vols quotidiens d'une durée de 1h10 et proposent toutes deux des tarifs promotionnels. Les offres les plus avantageuses sont soumises à certaines conditions d'achat : les billets mis en vente en fonction des places disponibles ne sont ni modifiables ni remboursables. Sur le site internet de la Swiss, vous trouverez toutes ces offres quelle que soit votre ville de départ. Pour les bagages de soute, sachez que le poids autorisé est de 20 kg et qu'en cas de surcharge, il vous faudra acquitter une surtaxe. Les prix pratiqués par la compagnie *low cost* Easyjet (au départ de l'aéroport d'Orly) sont très attractifs (40 €), mais pour en bénéficier il faut réserver votre place le plus tôt possible (www.easyjet.com).

**Air France**
☎ 3654
www.airfrance.com

## S'INFORMER AVANT DE PARTIR

**Suisse Tourisme**
11 bis, rue Scribe
75009 Paris
☎ 00 800 100 200 30
F 00 800 100 200 31
www.myswitzerland.com
La maison ne reçoit pas de visiteurs mais répond aux demandes par courrier, tél., fax ou e-mail (info@myswitzerland.com).
Autres sites utiles :
www.ville-ge.ch
www.geneve-tourisme.ch
**Centre culturel suisse**
32 et 38, rue des Francs-Bourgeois, 75003 Paris
☎ 01 42 71 44 50
www.ccsparis.com
Lun.-ven. 10h-12h30 et 14h-18h.
**Ambassade de Suisse**
142, rue de Grenelle
75007 Paris
☎ 01 49 55 67 00
Lun.-ven. 9h-12h.
**Consulat de Suisse**
• À Marseille :
7, rue d'Arcole
13291 Marseille Cedex 6
☎ 04 96 10 14 10
• À Lyon :
4, place Charles-Hernu
69616 Villeurbanne Cedex
☎ 04 72 75 79 10
• À Strasbourg :
23, rue Herder
67000 Strasbourg
☎ 03 88 35 00 70.

**Air France** à Genève
☎ 0848 747 100
À l'aéroport : comptoir ouv. t. l. j. 6h-20h30.
**Swiss** en France
☎ 0 892 23 25 01
(0,34 €/min)
www.swiss.com
À l'aéroport CDG (2B) : comptoir ouv. t. l. j. 5h30-20h30 ; à l'aéroport de Nice : comptoir ouv. t. l. j. 5h30-18h.
**Swiss** à Genève
☎ 0 848 700 700
À l'aéroport : comptoir ouv. t. l. j. 5h30-20h30.
Infos sur les vols :
☎ 0900 57 15 00 (1,19 Fr/min depuis la Suisse)
www.gva.ch
**Easyjet** à Genève
☎ 0900 000 258 ou 0900 000 195.

## En voiture

Si vous prenez l'autoroute A6 et sortez à Mâcon-Nord pour rejoindre l'A40, vous mettrez un peu plus de 5h pour couvrir les 500 km qui séparent Paris de Genève. Pour les automobilistes qui résident dans l'est de la France, le voyage en voiture est très intéressant (Lyon-Genève : 150 km). Si vous envisagez de rayonner dans la région, sachez qu'en Suisse, l'utilisation de toutes les autoroutes est soumise à redevance : les touristes doivent donc acquitter une vignette – en vente aux postes-frontières, dans les stations-service et auprès du TCS (Touring Club Suisse) – au prix forfaitaire de 40 Fr par véhicule, valable 14 mois du 1er déc. au 31 janv. de l'année suivante. Circuler en Suisse sans vignette peut vous valoir une amende de 200 Fr !

### TÉLÉPHONER À GENÈVE

Pour appeler Genève depuis la France, il suffit de composer le ☎ 0041 22 suivi du numéro de votre correspondant. Pour appeler une autre ville de Suisse depuis Genève, composez l'indicatif de la ville au complet, y compris le 0 initial.

Les voitures de location sont déjà pourvues de cette vignette.

### En car

Des navettes assurent la liaison entre Lille, Paris et Genève. Le trajet dure 8h30 et il faut compter 57 Fr pour un aller et 103 Fr pour un aller/retour. Tous les jours des cars assurent la liaison entre Grenoble, Nice, Marseille, Annecy, Albertville, Chamonix, Évian et la gare routière de Genève, derrière le square du Mont-Blanc.
**Gare routière de Genève**
Place Dorcière (C2-3)
☎ 022 732 02 30 ou 0900 320 230 (depuis la Suisse), www.gare-routiere.com

## Formalités

Pour un séjour inférieur à 3 mois, les ressortissants des pays membres de l'Union européenne doivent être en possession d'une carte d'identité en cours de validité ou d'un passeport valide ou échu depuis moins de 5 ans. Un visa peut être exigé des citoyens d'autres pays. En cas de doute, renseignez-vous auprès du consulat suisse.

## Douane

Les voyageurs de plus de 17 ans peuvent introduire en Suisse, sans acquitter de droits de douane, leurs effets personnels (équipement sportif, vidéo, ordinateur portable, etc.), 2 l de vin, 1 l de spiritueux, 3 l de cidre, jus de pomme, poire ou raisin, 125 g de caviar, 200 cigarettes ou 50 cigares ou 250 g de tabac ainsi que des marchandises n'excédant pas une valeur totale de 300 Fr. L'importation de certaines plantes (cotonéaster, stranvésia...) et produits carnés (cerf, chevreuil) est strictement interdite. Infos sur www.douane.admin.ch ou ☎ 0041 22 747 72 72 (Direction des douanes).

## De l'aéroport au centre-ville

L'aéroport international de Genève (Cointrin) est situé à 4 km au N.-O. du centre-ville. Il comporte un secteur français et un secteur suisse. Cette disposition particulière est appelée à disparaître dans un proche avenir. Pour l'instant, il faut encore passer la douane pour aller de l'un à l'autre.

### En bus

Cointrin est desservi entre autres par les bus nº 5 et 10. Le nº 10 vous dépose au cœur de Genève, à la gare de Cornavin (arrêt Lyon) et à Bel-Air. Le billet (3 Fr) est valable 1h, changement inclus.

### En train

Autre solution très commode : le train. Il relie en 6 min l'aéroport à la gare de Cornavin. Départ toutes les 10 min en moyenne, de 5h11 à 0h12. Prix : 3 Fr l'aller simple en 2de classe.

### En taxi

Les taxis, qui stationnent devant le hall des arrivées de l'aéroport et rallient les Pâquis ou Saint-Gervais en 15 à 20 min selon la densité du trafic, sont nettement plus onéreux (voir p. 37).

## Louer une voiture

Elle ne vous sera guère utile si vous restez à Genève ou à Carouge : dans la ville haute, la circulation automobile n'est quasiment autorisée qu'aux livreurs et aux *bordiers* (p. 142), et dans les Rues-Basses, vous risqueriez fort de passer votre temps à chercher une place de stationnement. En revanche, si l'envie vous prend de faire le tour du Léman ou d'explorer la Suisse romande, n'hésitez pas à louer une voiture (carte d'identité et permis de

### LA LANGUE

Genève compte près de 191 000 habitants. Les trois quarts d'entre eux parlent le français ; les autres langues les plus courantes sont : l'allemand, l'anglais, l'italien, le portugais et l'espagnol. Au XVIe s., les Genevois avaient encore pour langue maternelle le francoprovençal. Certains, comme Jaque Gruet (p. 25), l'écrivaient. Mais ce patois a disparu du canton à la Révolution. Aujourd'hui, le français local diverge un peu du français standard. Il est constitué de termes régionaux, d'archaïsmes, d'helvétismes et de calques de l'allemand (voir le lexique, p. 142).

conduire requis). La vitesse est limitée entre 30 et 50 km/h en agglomération, à 80 km/h sur les routes nationales et à 120 km/h sur les autoroutes. Le port de la ceinture de sécurité est obligatoire. Gardez à l'esprit que les amendes sont fréquentes et très fortes : un stationnement sur un passage piéton coûte 120 Fr ! Le taux d'alcoolémie maximal toléré est de 0,5 g/l. Prix de 1 l d'essence : 1,74 Fr environ. Vous trouverez la plupart des agences de location dans le hall des arrivées de l'aéroport ainsi qu'aux abords de la gare de Cornavin.

**Avis**
44, rue de Lausanne (C1-2)
☎ 022 731 90 00
F 022 732 76 09
www.avis.ch

**Hertz**
60, rue de Berne (C2)
☎ 022 731 12 00
F 022 738 21 77
www.hertz.ch

**Europcar**
37, rue de Lausanne (C2)
☎ 022 909 69 90
F 022 738 17 80
www.europcar.ch

**Sixt**
1, place de la Navigation (c2)
☎ 022 908 04 60
F 022 908 04 64
www.sixt.ch

## Santé

Aucun vaccin n'est exigé. Si vous suivez un traitement, songez à emporter suffisamment de médicaments dans vos bagages car vous n'êtes pas assuré(e) de retrouver les mêmes à Genève. En cas de panne, vous pouvez téléphoner au ☎ 111 ou vous rendre de l'autre côté de la frontière, à Annemasse (trains SNCF au départ de la gare des Eaux-Vives). Pensez, avant de partir, à demander à votre caisse d'assurance maladie la Carte européenne d'assurance maladie (CEAM). En tant que ressortissant d'un pays membre de l'Union européenne, vous aurez droit, à votre retour, au remboursement des frais médicaux que vous aurez pu engager en Suisse.

## Franc suisse

L'unité monétaire est le franc suisse (en abrégé Fr ou CHF) qui se divise en 100 centimes. Il existe des billets de 10, 20, 50, 100, 200 et 1 000 Fr, des pièces de 5, 10, 20 et 50 centimes et de 1, 2 et 5 Fr. Le taux de change fluctue mais 1 Fr vaut à peu près 0,80 €. Autrement dit, 1 € = 1,20 Fr. Cours du jour sur www.swissinfo.ch

## Budget

Genève est une ville chère. Le coût de la vie y est plus élevé (environ 15 %) qu'en France. Prévoyez donc une enveloppe généreuse pour ne pas devoir vous restreindre sur place, car les tentations sont nombreuses. L'hôtel et le transport une fois payés (350 €), il vous faudra tabler, pour deux jours, sur un budget de 300 € par personne. Tout dépend, évidemment, du choix des établissements et du prix de vos coups de cœur dans les boutiques. Comptez 18 Fr pour un *satay* de poulet chez Globus au Molard, 25 Fr pour une assiette végétarienne au Café Papon et 76 Fr un déjeuner « plaisir » à l'auberge d'Hermance. À titre indicatif, une tartelette chez Desplanches coûte 5,20 Fr, un billet d'accès à la fondation Baur 10 Fr, un *earl grey* au Bar des Bergues 10 Fr, une croisière sur le Léman entre 15 et 35 Fr et une entrée dans une discothèque du Seujet de 30 à 45 Fr.

### JOURS FÉRIÉS

Le Nouvel An, le Vendredi saint, le lundi de Pâques, l'Ascension, la Pentecôte, le 1er août (fête nationale suisse), le Jeûne genevois (septembre), Noël et le 31 décembre (Restauration genevoise).

## Heure locale

Pas de décalage horaire entre Genève et Paris ! Et les dates de changement d'horaire sont identiques…

## Voltage

Il est le même qu'en France (220 volts) mais les prises ne sont pas nécessairement identiques. Le réceptionniste de votre hôtel pourra vous prêter un adaptateur.

# Le chocolat suisse

**Elle l'a découvert sur le tard mais elle s'est bien rattrapée : la Suisse, qui n'a eu de cesse d'innover en matière de recettes, détient aujourd'hui le record mondial de consommation de chocolat avec plus de 11,7 kg par habitant et par an (6,7 kg en France) et une nette préférence pour le « lait et noisettes », même si l'on constate une tendance à la hausse en faveur du noir amer.**

## François-Louis Cailler

La tradition veut que Cailler (1796-1852) soit le père du chocolat suisse et qu'il ait appris à Turin la manière de préparer des boudins de pâte de cacao. Le fait est que, dès 1819, il créa près de Lausanne un négoce en cacao et qu'il mit au point une machine hydraulique permettant de broyer plus finement les fèves mélangées à de la cassonade. En dépit des multiples obstacles liés aux difficultés d'approvisionnement,

aux taxes douanières entre cantons et aux caprices de la météo (les machines gelaient en hiver et les stocks de chocolat fondaient en été !), la qualité de sa fabrication lui valut un succès grandissant. On dit que le duc de Talleyrand en raffolait…

## Suchard et Tobler

La réussite du Vaudois Cailler ne tarda pas à faire des émules. Dès 1826, le confiseur Philippe Suchard ouvre une fabrique près de Neuchâtel et parvient à produire avec un seul ouvrier plus de 30 kg de chocolat par jour. Ses pastilles (diablotins) et ses tablettes à croquer conquièrent bientôt le marché européen : c'est sa firme qui lance en 1901 la fameuse tablette Milka, aujourd'hui ornée d'une vache mauve, assez surréaliste, sur fond d'alpage. Le négociant Charles-Amédée Kohler, installé à Lausanne, se lance à son tour dans l'aventure en 1830 : il sera le premier à marier noisettes et chocolat. Deux autres figures marquent cette époque : Rudolf Sprüngli, établi près de Zurich en 1845, et Jakob Tobler, dont l'entreprise, fondée à Berne en 1869, fera plus tard un « carton » avec une barre chocolat-amandes et miel, dont la forme, constituée de triangles juxtaposés en crémaillère, s'inspire des crêtes du mont Cervin : le Toblerone.

## Peter et Lindt

L'histoire ne s'arrête pas là : en 1875, Daniel Peter, gendre de F.-L. Cailler, reprend le procédé de condensation du lait que venait de mettre au point le chimiste Henri Nestlé et finit, à l'issue de divers essais infructueux, par inventer le chocolat au lait : une grande première qui assurera le renom de la tradition suisse. Quelques années plus tard, Rudolf Lindt élabore dans son usine bernoise un autre procédé (le conchage) lui permettant d'obtenir une pâte moins âcre et plus fondante (pour ce faire, il y ajoute du beurre de cacao). Tous ces pionniers de l'industrie chocolatière suisse vont se restructurer dans les années 1890-1920 afin de mieux affronter la concurrence : Lindt et Sprüngli s'associent en 1899 ; en 1926, les Romands Kohler, Peter et Cailler fusionnent avec Nestlé, aujourd'hui l'un des plus grands groupes alimentaires du monde.

## Les Genevois

Ces années coïncident avec la grande vogue du tourisme qui voit les étrangers aisés sillonner la Suisse d'Interlaken à Zermatt et se délecter au passage de quelques pralinés. Genève n'échappe pas au phénomène. Après s'être longtemps fournis chez Favarger, fondé dans l'Île en 1826, ou chez Pertuiset (2, rue du Rhône), les chocophiles profitent désormais de leur passage dans la cité du Jet d'eau pour tester les palets au poivre rose de Christophe Berger (p. 120), les truffes de Noël de Zeller, place Longemalle, les fondants de Philippe Pascoët (voir p. 121) ou le « pavé de Genève » qui laisse une sensation glacée sur la langue et dont on attribue la recette à l'une de ces familles de confiseurs originaires des Grisons qui ont exercé leurs talents à travers toute l'Europe : les Auer (p. 121).

### DÉGUSTATION

Le chocolatier genevois **Stettler** (49, avenue Blanc (HP par C1), ☎ 022 738 17 20, www.chocolaterie-stettler.ch) organise souvent – en dehors de Pâques, période durant laquelle il est plutôt débordé – des visites de une heure de son laboratoire. Les fondus de cacao pourront ainsi découvrir du lun. au ven. entre 8h et 14h (20 Fr par personne) l'art de confectionner les spécialités de la maison : truffes, poubelles (godets en chocolat emplis d'une onctueuse ganache), pavés… Il suffit pour cela de contacter la chocolaterie et de réserver sa place.

# Genève internationale

**Tout le monde vous le dira : Genève est une ville très hospitalière. Les 45 % d'étrangers qui y résident et lui confèrent une dimension cosmopolite représentent plus de cent quatre-vingts nationalités différentes. Ce stimulant brassage culturel témoigne d'un bel humanisme que l'écrivain Robert de Traz (1884-1951) appelait… « l'esprit de Genève ».**

## Une vocation

Car cet internationalisme n'est pas nouveau. Il s'inscrit dans une longue tradition de tolérance et de compassion : non seulement Genève a toujours accueilli de nombreux réfugiés (p. 32), mais ses écrivains et philanthropes ont beaucoup œuvré pour la paix. Ce fut le cas de Jean-Jacques Rousseau, qui préconisait une « confédération de peuples, garante d'une paix perpétuelle », mais aussi de Jean-Jacques de Sellon, partisan acharné de l'abolition de la peine de mort, qui y fonda en 1820 la Société de la Paix. Avec Henri Dunant (1828-1910), la ville s'imposa vraiment comme le berceau du droit humanitaire. Bouleversé par les victimes de la bataille de Solferino

(1859), Dunant voulait créer une société qui apporterait un secours désintéressé aux blessés sans se soucier de leur foi ni de leur patrie d'origine : il est le fondateur du Comité international de la Croix-Rouge (p. 65).

## De la SDN à l'ONU

Ce n'est donc pas un hasard si, au lendemain de la Première Guerre mondiale, on choisit Genève pour abriter le siège de la Société des Nations (SDN), censée assurer le maintien de la paix et résoudre les conflits par arbitrage. Très vite, cependant, l'hôtel du quai Wilson (p. 64) se révéla trop exigu pour accueillir les délégués venus des quatre coins du monde. Un concours fut lancé dès 1926 en vue d'édifier un autre palais. Cet appel d'offres suscita des débats passionnés et près de quatre cents projets différents !

Certains proposèrent des tours, d'autres (comme Le Corbusier) des barres. Les plus utopistes rêvaient d'une cité mondiale qui fût « pour les affaires temporelles de l'Humanité ce qu'était la cité du Vatican pour les affaires spirituelles de la papauté ». Le colossal complexe qui finit par voir le jour dans le parc de l'Ariana se visite aujourd'hui en quinze langues : c'est l'Office des Nations unies, le deuxième après le siège de New York…

## Organismes

Toute la zone autour de l'ONU (p. 64-65) constitue une véritable fourmilière multiculturelle et polyglotte : avenues et chemins sont ici bordés de pavillons – ceux des 163 missions permanentes auprès des Nations unies – et d'immeubles en verre ou en béton arborant des sigles familiers tels OMS (Organisation mondiale de la santé) ou AELE (Association européenne de libre-échange). Plus de dix-sept mille fonctionnaires étrangers travaillent au sein de ces

organisations internationales. Les buildings les plus spectaculaires sont ceux de l'OMM (météorologie), au n° 41 de l'avenue Giuseppe-Motta, et de l'OMPI (propriété intellectuelle), au n° 34 du chemin des Colombettes (ouv. au public lun.-ven. 9h30-13h et 14h-17h). Un autre organisme ouvre ses portes aux visiteurs pour mieux les sensibiliser à ses activités : le HCR (Haut-Commissariat aux réfugiés). Il a investi, entre autres, l'ancien garage bâti en 1935 par Maurice Braillard au n° 94 de la rue de Montbrillant.

## Solidarité

« L'esprit de Genève » anime aussi les œuvres caritatives et associations qui se mobilisent ici en faveur de l'hémisphère Sud. La municipalité n'est pas en reste : l'un de ses objectifs est de consacrer 0,7 % de son budget annuel à financer, dans les pays en développement, des projets d'entraide humanitaire : la construction d'un dispensaire au Mali, l'envoi de matériel en Guinée… Les échanges se vivent au quotidien : les Conservatoire et Jardin botaniques accueillent des stagiaires en provenance de La Paz ou de Bamako ; les rayons des magasins genevois proposent du café produit par des cultivateurs péruviens et bien d'autres articles issus du commerce équitable…

### WWW

Un petit tour au terminus de la ligne de tram n° 14 et vous voici au pied d'un autre exemple du cosmopolitisme genevois : le CERN ! Ce centre de recherche, fondé en 1954, est le plus grand labo au monde de physique des particules. Ses 8 000 scientifiques originaires de 85 nations y jouent un rôle de premier plan dans le développement des technologies du futur. Tim Berners-Lee notamment : c'est lui qui a imaginé, avec Robert Cailliau, le moyen d'établir des liens entre des documents stockés dans différents ordinateurs. Résultat : un réseau mondial auquel on a donné le nom de *world wide web*.

**CERN : 385, route de Meyrin (HP par A1), visites sur réservation au ☎ 022 767 84 84 ou sur www.cern.ch**

La Dent du Midi *par Alexandre Calame*

# Le paysage romantique

**Au tournant de 1800, une mode à laquelle Jean-Jacques Rousseau n'était sans doute pas étranger – l'appel de la nature – incita les peintres genevois à camper leur chevalet devant les berges embrumées du Léman et les pâturages mouchetés de vaches. Les plus hardis se jetèrent sur les routes des cols pour mieux tutoyer les cimes. De leur aventure alpestre, il nous reste de sublimes paysages que la critique a parfois jugés sentimentaux ou décoratifs mais qui n'en constituent pas moins l'âge d'or de la peinture romantique.**

## Pierre-Louis de la Rive

Celui que l'on considère généralement comme *le* fondateur de l'école genevoise de paysage, Pierre-Louis de la Rive (1753-1817), s'inscrit dans la droite ligne des pastorales du XVIII$^{e}$ s., ces scènes champêtres qui idéalisaient la nature.
Le musée d'Art et d'Histoire conserve quelques vues qu'il a exécutées à son retour de Rome (1784), les yeux encore emplis des ciels d'Italie. C'est après 1789 que le peintre partit arpenter sac au dos les alpages du pays de Vaud et de l'Oberland pour en rapporter les sépias (dessins rehaussés à l'encre brune)et aquarelles qui devaient lui servir à composer en atelier des scènes plus proches de la nature… suisse. Certes, ses bergers

Vue du mont Blanc *par Pierre-Louis de la Rive*

étaient encore vêtus à la mode romaine et ses vaches semblaient toujours sortir de quelque tableau flamand, mais la précision avec laquelle il restituait les contours des cimes – une exactitude que n'aurait pas reniée Horace Bénédict de Saussure, l'un des premiers ascensionnistes du mont Blanc – allait assurer la notoriété de l'école genevoise et susciter l'engouement du public.

La Cascade de Pissevache *par François Diday*

## Le succès

Très vite en effet, ses paysages – comme ceux de ses concurrents (Jean-Daniel Huber) et de ses disciples... (Charles-Joseph Auriol, Wolfgang Adam Toepffer) – connurent un vif succès. À l'étranger tout d'abord. Car Genève, sous domination française depuis 1798, souffrait d'une pesante récession économique. Il faut attendre 1815 et l'entrée de la cité dans la confédération pour que la clientèle genevoise puisse s'offrir à son tour son lot de resplendissants glaciers et de pics enneigés. Ce goût pour la nature alpestre, relayé par un grand élan de patriotisme suisse, ne s'est pas arrêté avec cette première génération : bourgeois et princes défileront encore, trente ans plus tard, dans les ateliers de Diday et de Calame.

## François Diday

Pour répondre aux attentes du public qui, entre-temps, s'était un peu lassé des représentations « idéales » et des images idylliques à la de la Rive, François Diday (1802-1877) adopta un ton bien plus dramatique. Il obscurcit sa palette et se mit à peindre le spectacle violent des Alpes : cascades, torrents, forêts secouées par l'orage... Il laissa au final plus de 270 huiles et aquarelles sur ce même thème.

## Alexandre Calame

La production de son élève Alexandre Calame fut moins répétitive et moins théâtrale. Calame (1810-1864) fit ses débuts en coloriant des vues à la gouache à l'intention des touristes avant de se tourner lui aussi vers les merveilles rudes et grandioses de la Suisse. De la Jungfrau au mont Rose en passant par le Pilate, il brava l'air glacé des hauteurs pour mieux saisir les moindres détails de la nature (lichens, fougères, granits...) et le vertige saisissant de la solitude. Son *Orage à la Handeck,* pur chef-d'œuvre d'un romantisme absolu, fut salué par la critique (1838) comme la première peinture « nationale » ! La population était si enthousiaste, en tout cas, qu'elle acquit la toile par souscription pour l'offrir au musée Rath. À cette occasion, le Tout-Genève « dansa à cœur joie jusqu'à minuit »...

« L'aspect du lac de Genève et de ses admirables côtes eut toujours à mes yeux un attrait particulier que je ne saurais expliquer, et qui ne tient pas seulement à la beauté du spectacle, mais à je ne sais quoi de plus intéressant qui m'affecte et m'attendrit. [...] Au reste, on sait déjà ce que j'entends par un beau pays. Jamais pays de plaine, quelque beau qu'il fût, ne parut tel à mes yeux. Il me faut des torrents, des rochers, des sapins, des bois noirs, des montagnes, des chemins raboteux à monter et à descendre, des précipices à mes côtés qui me fassent bien peur. »

**Jean-Jacques Rousseau, *Les Confessions,* 1789.**

# L'horlogerie genevoise

**Un Salon international de la haute horlogerie en avril, un grand prix d'horlogerie en novembre, deux musées horlogers, des showrooms dans les Rues-Basses et des manufactures du côté de Meyrin ou Plan-les-Ouates... de toute évidence, aucune autre ville n'est aussi intimement liée à l'art de la montre haut de gamme que Genève ! Zoom sur quelques-unes des cent quarante marques horlogères qui perpétuent cette brillante tradition.**

## Le XVII$^e$ siècle

L'essor de ce secteur clé s'est amorcé au XVII$^e$ s. avec l'arrivée massive, à Genève, de huguenots (p. 33) fuyant les persécutions religieuses. Parmi les réfugiés se trouvaient en effet de nombreux gens de métier de France – comme les Rousseau et les Mussard – ou d'Italie, tels les Lagisse, dont les descendants ne tardèrent pas à doper l'économie, alors essoufflée, de la république. Ils innovèrent en créant toutes sortes de montres en forme de fleurs ou d'animaux, dotées pour certaines de mouvements fort compliqués, de multiples sonneries et d'indications astronomiques : les planètes, la Lune, etc. Les boîtiers étaient parfois taillés dans du cristal de roche ou ornés de paysages peints sur émail (p. 27). Ces modèles très convoités furent bientôt exportés aux quatre coins de l'Europe.

## Les cabinotiers

Au fil des ans, l'horlogerie devint la « mère nourricière de la Cité » : elle employait

2 hommes sur 10 en 1725 et 4 hommes sur 10 en 1788. Dès le début du XIXe s., les étampeurs, polisseurs, sertisseurs..., regroupés au sein de la « Fabrique », produisaient environ cent mille montres par an ! Le travail, qui requiert une adresse et une précision infinies, s'effectuait dans de modestes ateliers de 3 à 8 ouvriers ou « cabinotiers », établis au dernier étage des immeubles (exemples dans le quartier de Saint-Gervais : le nº 25, rue Chantepoulet et le nº 7-9, rue Rousseau) afin de bénéficier d'une meilleure luminosité.

## Les ténors

Vacheron Constantin, dont les montres ont pour emblème une petite pièce d'horlogerie en forme de croix de Malte, est la plus ancienne manufacture de Genève. Cette entreprise, qui jouit d'une renommée internationale depuis sa création (1755), a révolutionné la branche en inventant vers 1835 le moyen de mécaniser la fabrication. Une autre firme prestigieuse a contribué à l'avancée spectaculaire de la technologie : Patek Philippe (voir p. 57). Fondée en 1845 par l'esthète polonais Antoine Norbert de Patek et l'horloger

français Jean-Adrien Philippe, elle a mis au point un système de remontoir et de mise à l'heure sans clé.

## La relève

C'est aussi un horloger genevois, Louis Cottier, qui conçut en 1935 l'ingénieux dispositif permettant d'afficher l'heure dans différents fuseaux. Mais en dépit des multiples inventions qui se succédèrent en moins d'un demi-siècle, les crises économiques finirent par avoir raison de plusieurs sociétés : certaines ont vu leur production passer sous contrôle étranger (Baume & Mercier, Piaget), d'autres ont disparu. Par chance, depuis la fin des années 1980, une nouvelle génération tout aussi créative et perfectionniste réussit à s'imposer à côté des ténors... et du géant Rolex qui se taille à lui seul 25 % du marché mondial de la montre de luxe. Figurent parmi ces étoiles montantes : Roger Dubuis, F.-P. Journe et Franck Muller (p. 110-111) dont les créations sont honorées du Poinçon de Genève, distinction décernée aux horlogers répondant aux critères les plus exigeants. Aujourd'hui, Antoine Preziuso, Lionel Ladoire et d'autres jeunes horlogers se sont lancés à leur tour dans l'aventure : vous verrez leur créations, entre autres, au GTE (p. 111).

## SWISSKUBIK

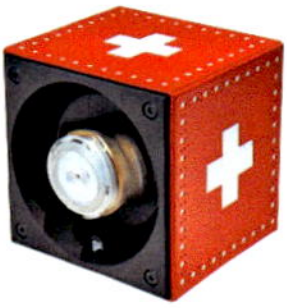

Même si vous n'avez pas de montre à mouvement automatique, jetez un œil sur l'original « SwissKubik » que vient d'inventer Philippe Subilia ! Sous ses airs de Rubiks'cube, ce boîtier à écrin rotatif de 10 cm de côté permet de remonter la quasi totalité des montres actuellement disponibles sur le marché. C'est très design, décliné en aluminium, bois précieux ou cousu cuir. Et c'est... *made in* Geneva (690 Fr) !

**13, Grand-Rue (C4)**
**Ligne 36, arrêt Hôtel de Ville**
**☎ 022 310 79 19 - www.swisskubik.com**
**Mar.-ven. 10h30-18h30, sam. 10h30-18h.**

# Chasselas ou pinot

**À quelques minutes du centre-ville, entre Jura et Salève, quatre cents vignerons veillent amoureusement sur 1 500 ha de raisins rubis ou mordorés pour produire une gamme de crus fruités, généreux et prometteurs qui méritent bien leur appellation d'origine contrôlée. Le troisième canton viticole de Suisse a donc encore de beaux jours devant lui…**

## Des Allobroges…

On sait peu de choses sur les origines de la vigne à Genève, sinon qu'elle remonterait au moins au Ier s. après J.-C. (l'écrivain latin Pline l'Ancien fait mention d'un raisin noir qui mûrit avec les gelées : l'*allobrogica,* d'après le nom du peuple celte qui habitait la région avant d'être soumis aux légions romaines). Détruite par les barbares, réhabilitée par l'Église, la vigne devint au Moyen Âge l'apanage de l'évêque, qui en contrôlait le prix, et des moines qui l'élevaient tantôt « en foule » (sans alignement particulier), tantôt « en hautins » (la vigne prend alors appui sur des arbres fruitiers ou des érables). Le rendement était faible et la qualité plutôt médiocre.

## … à nos jours

De sorte que beaucoup de Genevois importaient du vin de Savoie, le chautagne, qui coûtait deux fois plus cher. Il faudra attendre le XIXe s. pour que l'on supprime les hautins, draine les *parchets* (parcelles) et plante les ceps en lignes. Ces louables

efforts ont été balayés entre 1850 et 1880 par trois redoutables maladies : l'oïdium, le phylloxéra et le mildiou. Des pans entiers du vignoble durent être arrachés. La création de coopératives, comme la Cave du Mandement de Satigny, a relancé la viticulture dans les années 1950 mais conduisit bientôt à une surproduction de vins de table sans âme ni arôme. Depuis 1990, une nouvelle génération, plus respectueuse de la nature, bichonne ses raisins et permet aux aligotés et aux pinots genevois de gagner en finesse et en renom.

## Terroirs

On distingue traditionnellement trois régions productrices : la rive gauche avec 283 ha de petits parchets s'étageant, entre Cologny et Hermance, jusqu'aux coteaux de Choulex et Jussy ; le secteur compris entre l'Arve et le Rhône (347 ha), autour des vignobles de Lully ; la rive droite enfin (864 ha), où se trouve la plus grande commune viticole de Suisse : Satigny, un vignoble très ancien puisqu'il est cité dans les archives dès le X$^{e}$ s. Font aussi partie de ce terroir le village de Dardagny, qui compte à lui seul quinze domaines, et celui de Russin, où se déroule chaque automne la fête des Vendanges…

## Cépages

C'est au cours de ces trente dernières années que les vignerons sont parvenus à déterminer les cépages les mieux adaptés aux sols et au microclimat genevois. Ainsi, le traditionnel chasselas, souvent consommé à l'apéritif ou avec un poisson d'eau douce, perd du terrain au profit d'autres blancs plus fins, comme le pinot (qui se marie fort bien avec la fondue et la raclette), le chardonnay (les mets épicés), l'aligoté (les champignons), le riesling (la choucroute), le gewurztraminer, originaire du Tyrol du Sud, ou le sauvignon, acclimaté avec brio par Pillon et Schlaepfer au domaine des Balisiers (Peney). Le plus répandu des rouges, le gamay, se boit surtout avec des terrines et des pâtés. Son succès ne doit pas faire oublier le voluptueux pinot noir (idéal pour les viandes rouges, le sandre et l'omble chevalier). Le scheurebe, le kerner et le findling – dont on ne cultive que 43 ha dans le monde – sont des cépages issus de croisements qui doivent encore faire leurs preuves.

## DÉGUSTATIONS

Après la théorie, place aux exercices pratiques ! Chaque samedi, de nombreux viticulteurs proposent des dégustations gratuites dans leurs chais. Une initiative sympathique qui permet aux amateurs de découvrir l'arôme de la syrah ou celui du gamaret mandragore…

À **Satigny : Gérard Pillon & Jean-Daniel Schlaepfer**
Domaine des Balisiers – 12, route de Peney-Dessus
☎ 022 753 19 58 – www.balisier.ch – sam. 11h-13h
train jusqu'à Satigny-Gare puis lignes 54 ou S, arrêt Peney-Dessous.

À **Dardagny : Guy Ramu**
16, chemin de Chafalet – ☎ 022 754 11 79
sam. 10h-12h30 – train jusqu'à La Plaine puis bus X pour Essertines sur appel téléphonique au ☎ 0800 858 800.

À **Peissy : Bernard Rochaix**
54, route de Peissy – ☎ 022 753 90 00
www.lesperrieres.ch – sam. 9h-12h et 14h-17h – train jusqu'à Satigny-Gare puis 10 min de marche.

# Genève au naturel

**Genève fait partie de ces villes qui ont le privilège d'avoir toutes sortes de sites très bucoliques à portée de main : un lac, deux cours d'eau, des massifs montagneux et de beaux parcs. Mais ce n'est pas tout : elle occupe aussi une place de premier plan dans le domaine de la recherche en biodiversité. Les fanas de flore et de plein air n'auront donc que l'embarras du choix : des sentiers du Salève aux serres du Jardin botanique, ils seront toujours au cœur de la nature !**

## Le lac

Ah, les eaux du Léman ! C'est vrai que leur couleur bleue a inspiré bien des peintres, de Konrad Witz aux romantiques genevois, et que leur transparence invite volontiers à la baignade : Genève-Plage (p. 70) et les Pâquis (p. 62) accueillent chaque été des centaines de milliers de nageurs. Mais le plus grand lac d'Europe occidentale est autre chose qu'une « baignoire » : c'est une vraie mer en réduction, moins placide qu'il n'y paraît, avec des sautes d'humeur et de brusques variations de température, une mer où l'on pêche – vous retrouverez la féra, la perche et l'omble chevalier au menu des meilleures tables – et où l'on pratique assidûment la plaisance : le nombre de bateaux par habitant est l'un des plus élevés au monde !

## La verdure

C'est l'un des grands atouts de Genève. La commune compte à elle seule quarante mille arbres, autant de rosiers et près de 310 ha de jardins publics et d'espaces verts. Les plus beaux sont ceux qui ourlent les berges du lac. Ils ont été légués à la Ville par de généreux mécènes : c'est le cas de l'exceptionnel parc La Grange (p. 71) mais aussi du parc de l'Ariana. Si les enfants ont un faible pour l'aire de jeu du parc Geisendorf (rue de Lyon) et les toboggans du parc Bertrand (route de Florissant), il existe bien d'autres bulles de chlorophylle où s'aérer et se détendre : Bastions, Eaux-Vives, Beaulieu, Cropettes... et le bois de la Bâtie, propriété jusqu'en 1869 des Turrettini. Peu connu des touristes, ce domaine (ligne 14, arrêt Jonction ou ligne 2, arrêt Jonction ou Claire-Vue) est l'un

des lieux de promenade les plus populaires de Genève. Rien n'y manque : un étang bordé de roseaux, une prairie vallonnée, un parc animalier avec marmottes et bouquetins... et un beau point de vue sur le mariage du Rhône et de l'Arve.

## Arve et Rhône

L'Arve, qui se jette dans le Rhône à la hauteur du quartier de la Jonction, est une rivière alpine, d'un brun limoneux, au caractère... imprévisible. Les amateurs de rafting en savent quelque chose : les 7 km de méandres entre Veyrier et Carouge leur procurent toujours de menus frissons. Le Rhône, lui, est d'un vert cristallin et d'un débit plus régulier. Il faut dire qu'il vient de loin (sa source se situe au pied d'un glacier valaisan) et qu'il a eu tout le temps de s'assagir : avant de serpenter dans Genève et de poursuivre sa course en France, il s'est déjà frayé un long chemin à travers le Léman. Pour l'approcher, il suffit d'emprunter le passage flottant aménagé sous le pont du Mont-Blanc, la passerelle qui contourne le BFM (p. 55), le sentier des Falaises (Saint-Jean) ou le bateau jusqu'à Verbois (p. 55) : ses berges, refuge du castor et du héron cendré, ont du charme. La baignade (risquée en raison du courant et de la température) n'est autorisée qu'en aval du pont Sous-Terre.

## L'environnement

Championne de l'écologie, la Suisse est connue pour sa gestion très rationnelle des déchets. Genève, en la matière, n'échappe pas à la règle. On privilégie les produits biodégradables, on recycle

les vieux appareils ménagers, on utilise les énergies renouvelables, on récupère l'eau de pluie et l'on veille à toujours jeter les papiers dans les poubelles... autant de petits gestes quotidiens qui contribuent à la propreté de la ville et à l'excellente qualité de ses eaux (90 % des plages sont classées « A »).

## LE SALÈVE

L'Association genevoise des amis du Salève (AGAS, ☎ 022 796 41 33, www.rando-saleve.net) donne rendez-vous aux randonneurs aguerris tous les dimanches, à 10h, au terminus du bus nº 8 à Veyrier-Douane, histoire de monter à l'assaut du Salève qui culmine à1 380 m d'altitude. La randonnée peut durer quelques heures, selon les parcours... Mais rassurez-vous : il existe aussi un téléphérique (janv.-mars, ven.-dim. 9h30-17h30, en avr. et oct., mar.-dim. 9h30-18h, mai-sept., t. l. j. 9h30-19h (23h jeu.-sam.), sf mauvaise météo ou révision annuelle, www.telepheriquedusaleve.com) qui vous déposera en 5 min (6,50 Fr l'aller simple ; 10,80 Fr l'aller-retour) au beau milieu des pâturages devant un panorama à couper le souffle. Ski de fond possible (sur 8 à 15 km) entre la Croisette et la pointe du Plan.

# La Rome protestante

**Certes, Genève n'a pas attendu Calvin pour « sortir des ténèbres de la papauté et entrevoir la lumière de l'Évangile » : elle avait adopté dès 1535 la fameuse devise *Post tenebras lux* (« après les ténèbres, la lumière ») que l'on peut lire sur le mur des Réformateurs. Pourtant, c'est bien Calvin qui, en la nourrissant de ses sermons, fit de la cité une nouvelle ville sainte, une Rome protestante. Sans lui, Genève ne serait pas Genève.**

## Calvin…

Jean Calvin est originaire de Picardie et appartient à la seconde génération de la Réforme (quand il vient au monde en 1509, l'Allemand Luther a déjà 25 ans). Jeune homme, il étudie la Bible, les langues anciennes – sans lesquelles on ne saurait interpréter les Saintes Écritures – et le droit. Son esprit est façonné par le regard d'autres intellectuels de son époque qui critiquent les dérèglements du clergé et les abus de l'Église, mettent en doute la légitimité du pouvoir pontifical, refusent le purgatoire et le culte des saints. On dispute surtout la question de la messe : les catholiques y voient un sacrifice, les partisans de la Réforme un sacrilège (répéter à chaque messe le sacrifice du Christ alors que celui-ci s'est

sacrifié une fois pour toutes, c'est tenir son sacrifice pour inefficace ou insuffisant). Ces idées, reprises sur des affiches placardées aux quatre coins du royaume, obligent les « protestants » français à se réfugier dans des terres déjà gagnées par la Réforme : Calvin s'exile à Bâle en 1535.

### … à Genève

Un an plus tard, il s'arrête à Genève où le Conseil général venait d'adhérer unanimement, le 21 mai 1536, à la « nouvelle » foi. Le prédicateur Guillaume Farel lui demande de l'aider à réorganiser l'Église. Calvin reste et rédige divers articles qui prévoient, entre autres, d'excommunier les paillards et les ivrognes. Le projet n'est pas du goût des autorités, qui estiment que l'on ne doit « refuser la Cène à personne ». Elles prononcent donc à son encontre (1538) un arrêté d'expulsion avant de le rappeler deux ans plus tard. Calvin revient à Genève en 1541 pour ne plus la quitter : il y meurt en 1564.

### Le nouvel ordre moral

Durant les vingt-cinq années où il prêche à Genève, Calvin s'emploie, avec l'appui du consistoire (sorte de police des mœurs et de la foi), à instaurer une discipline rigoureuse, au risque de se rendre impopulaire. Il traque superstitions et pratiques magiques, condamne la pompe et le superflu, les habits trop voyants et les colifichets, la danse, le jeu et les bains publics. Il tonne contre la fréquentation des tavernes et le libertinage (à la maison Tavel sont exposées les mitres en carton dont on coiffait alors proxénètes et entremetteuses). Quelques-uns de ses détracteurs sont exécutés, tel Jaque Gruet, que l'on pourrait qualifier de libre-penseur (« si je veux danser, sauter, mener joyeuse vie, qu'a affaire la justice ? »), ou Michel Servet, brûlé vif pour hérésie à Champel…

### Son influence

Au-delà de ces mesures répressives (qui ne sont pas alors l'apanage du seul calvinisme), l'impact du prédicateur est phénoménal, comme le rappelle fort bien le musée international de la Réforme (voir p. 43). Ainsi, les ordonnances et les édits qu'a rédigés Calvin régiront l'organisation de l'Église et serviront de constitution à la république de Genève jusqu'en… 1792. La ville lui doit aussi son appareil éducatif : sont fondés en 1559 l'actuel collège Calvin (2-4, rue Théodore-de-Bèze), dédié à l'origine à l'enseignement du grec et du latin, ainsi que l'Académie, chargée de former des pasteurs en provenance de l'Europe entière (cette Académie, noyau de la future Université, eut pour premier recteur le théologien bourguignon Théodore de Bèze). Calvin, par ailleurs, a marqué si durablement les esprits qu'aujourd'hui encore, la bonne société protestante ne s'autorise aucun débordement : elle mène une vie sans ostentation, réglée selon ses préceptes – application, ponctualité, parcimonie…

### LA BGE

On y dépose, depuis 1539, un exemplaire de tout ce qui est publié à Genève. C'est dire si cette bibliothèque, logée jusqu'en 1872 au collège Calvin, constitue la mémoire de la ville. Elle conserve sur 50 km de rayonnages près de deux millions de documents et quelque mille cinq cents sermons de Calvin, notés en sténo par l'un de ses auditeurs, Denis Raguenier, à partir de septembre 1549.

**Promenade des Bastions (C4) – ☎ 022 418 28 00**
**Lun.-ven. 9h-20h, sam. 9h-17h.**

# Trésors de l'artisanat

**On se gardera de croire que Genève s'est toujours partagée entre la banque, l'horlogerie de luxe et la diplomatie internationale : jusqu'au XIXe s., elle fabriquait des cotonnades – que l'on appelait indiennes parce qu'elles étaient importées, à l'origine, des Indes... – et des émaux peints. Carouge, de son côté, s'est illustrée dans une autre « industrie » : la faïence fine. Le point sur ces traditions qui ont contribué au rayonnement artistique du canton.**

## Les indiennes

Introduite à la fin du XVIIe s. par un réfugié du Dauphiné, l'indiennerie connut un tel succès à Genève qu'on vit bientôt fleurir une vingtaine de manufactures sur les rives des Pâquis et des Eaux-Vives, ces faubourgs disposant de l'eau et des prés nécessaires à la fabrication : teinture, bouillissage, séchage des toiles sur l'herbe... L'établissement le plus célèbre, celui des Fazy, situé aux Bergues, employait vers 1785 plus de 2 000 ouvriers. Les étoffes, imprimées à partir de colorants naturels, arboraient tantôt des fleurettes ou des motifs géométriques (les mignonnettes), tantôt des points multicolores (les chagrinés). Les plus chères étaient les calencas, semés de fruits et d'arabesques de diverses teintes (il en existe encore quelques échantillons à la maison Tavel, p. 43). Hélas, la concurrence anglaise et le blocus imposé par la France ont eu raison de cette industrie qui disparut vers 1860.

## Virtuoses de l'émail

Les émailleurs eux, travaillaient en étroite collaboration avec les horlogers : ils décoraient, entre autres, les boîtes de montre. Souvent, ils formaient de véritables dynasties, à l'instar des Huaud et Petitot dont les ancêtres huguenots s'étaient réfugiés dans la cité de Calvin en raison de leurs convictions religieuses. Le musée Patek Philippe (p. 57) conserve plusieurs chefs-d'œuvre de leurs mains et de quelques miniaturistes tout aussi virtuoses : Jean-Abraham Lissignol et surtout Jean-Louis Richter à qui l'on doit une ravissante *Vue de Genève et du mont Blanc depuis Pregny* (1815).

## Faïences de Carouge

La première faïencerie de Carouge fut fondée par un intendant militaire français en 1803 : Louis Herpin. Il eut l'idée de créer dans sa maison (16 bis, rue Joseph-Girard) un petit atelier et d'en confier la direction à l'un des fils d'une célèbre manufacture de Nyon, Jean-Abram Baylon, alors âgé de 24 ans. Lorsque Baylon, en 1812, se mit à son propre compte (rue Jacques-Dalphin), Herpin engagea un autre porcelainier de Nyon, Jacob Dortu. Leur production acquit une belle renommée, tant à Genève qu'au Piémont mais souffrit, au lendemain de l'annexion de Carouge à la Suisse (1816), de la concurrence et des taxes imposées par le canton de Vaud. La faïencerie d'Herpin, reprise sous le nom de Dortu, Veret & Cie, dut mettre la clé sous la porte dès 1820. Celle de Baylon, propriété de la famille jusqu'en 1879, a fermé en 1933. L'Ariana (p. 65) et le musée de Carouge (p. 67) possèdent plusieurs échantillons de cette faïence avant tout utilitaire, dont la pâte, d'un blanc crémeux, fut d'abord sobrement égayée de grappes de raisin, de brins de muguet ou d'un charmant semis de bleuets : le décor à la reine. Baylon s'appliqua aussi à y peindre de délicats paysages en bleu de cobalt ou en brun de manganèse (les autres faïenciers de l'époque y avaient renoncé par souci de rentabilité).

## Les potiers

Autre production utilitaire : la poterie de terre cuite. Grâce à Georges Amoudruz, le musée d'Ethnographie de Genève possède toute une palette d'objets vernissés – jattes, terrines, bols, vinaigriers, pots à lait… – qui étaient commercialisés jusqu'en 1950 sur les marchés de la région lémanique. Ces récipients, qui fleurent bon les alpages, sont souvent égayés de fleurs stylisées, pois, filets et zigzags. Les assiettes étaient parfois ornées d'un oiseau, motif destiné à appeler sur le foyer le bonheur familial…

### GEORGES AMOUDRUZ

Petit-fils d'un Savoyard venu travailler à Genève vers 1850, l'ingénieur Georges Amoudruz (1900-1975) a commencé très tôt à s'intéresser au mode de vie traditionnel dans les Alpes rhodaniennes et à en collecter les trésors cachés : tabourets à traire, marques à pain, busquières (plastrons brodés qui s'inséraient dans le corsage) sans oublier, bien sûr, les cloches comme le toupin aux sonorités graves ou la clarine aux sonorités aiguës. Au total : 8000 objets qu'il a pris soin de répertorier sur des milliers de fiches. Une partie de cette collection – la plus importante qui soit au monde dans le domaine du patrimoine alpin – sera bientôt visible au MEG (p. 57).

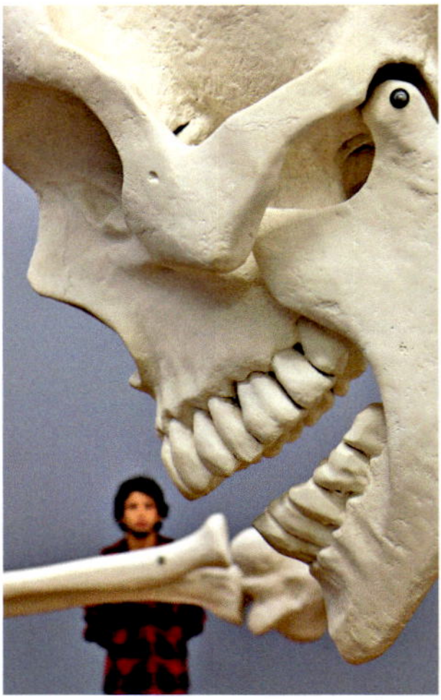

# L'art contemporain

**Abscons, l'art contemporain ? Possible ! Mais à Genève, on l'aborde d'une manière conviviale et décomplexée. On joue avec les codes, on crée du lien social. La ville est très engagée, et les musées aussi : le Mamco a même des guides volants pour répondre à vos questions. L'occasion de prendre le pouls de la culture émergente ! Les talents ne manquent pas : au Rath en 2011, ils étaient 296, tous Genevois !**

## Soutiens multiples

Grâce à de généreux donateurs comme Berthoud, Lissignol-Chevalier et Galland, qui lui ont légué une partie de leur fortune dès la fin du XIX^e s., la Ville apporte un soutien régulier ou ponctuel à des artistes domiciliés dans le canton. La bourse Berthoud, par exemple, encourage chaque année un vidéaste, un photographe ou une installation. Les travaux des nominés sont exposés au CAC, le plus ancien centre d'art contemporain de Suisse romande (10, rue des Vieux-Grenadiers, ☎ 022 329 18 42, www.centre.ch, ouv. mar.-dim. 11h-18h). En plus du Fonds d'art contemporain qui lui permet d'acheter des œuvres de jeunes plasticiens, la municipalité dispose d'une vingtaine d'ateliers mis à la disposition des artistes pour une période de trois ans : il y en a 6 au Grütli, 15 à l'Usine… Aux plus motivés, elle peut même attribuer une résidence

d'artiste en Égypte ou en Inde. Ça laisse rêveur !

## Un calendrier chargé

La rentrée artistique commence dès septembre avec la MAC, la « Manifestation d'art contemporain » (www.mac11.ch) qui mobilise tous les acteurs de la scène locale. Les artistes en profitent pour ouvrir leur atelier au public : ceux de l'ex-Werner, pour la plupart issus de la HEAD (p. 58), vous attendent dans leur bâtiment industriel situé au 114c, rue de Lyon. Ceux de l'ancienne usine Kugler (19, avenue de la Jonction et 4, rue de la Truite, www.usinekugler.ch) n'ont pas de monte-charge mais leurs expos sont tout aussi insolites ! Le quartier

excentré et un peu ingrat des Libellules a sa propre Biennale des arts contemporains, le BAL (8, avenue des Libellules à Châtelaine, ligne 7, arrêt Pont-Butin, www.le-bal.ch), qui s'achève, fin septembre, par un couscous géant et un concert de salsa. Tout au long de l'année, une trentaine de galeries – Ex-Machina, Evergreene, BFAS, Mitterrand+Cramer (p. 56), Skopia, Halle Nord (p. 55)... – défendent les courants artistiques du moment. Les enfants ne sont pas en reste :

tous les mercredis à 15h15 et le premier dimanche du mois à 11h15, le dynamique Mamco (p. 57) propose aux 5-10 ans des visites guidées interactives et ludiques du musée pour les sensibiliser en 45 minutes aux facettes de l'art vivant.

## Les artistes genevois

Le plus intéressant de tous est peut-être Fabrice Gygi (né en 1965) qui enchaîne les expos dans toutes sortes d'espaces, des plus alternatifs aux plus prestigieux : en 2005, le Mamco en fait son hôte d'honneur ; en 2009, il représente la Suisse à la Biennale de Venise ; en 2011, c'est le Rath (p. 46) qui lui confie les clés du musée. Chaque fois, il investit les lieux avec la même vision sociale et politique de l'art : au Mamco, ses œuvres, imposantes, monochromes, quasi militaires, entendaient dénoncer un État qui veut surprotéger ses citoyens pour mieux les surveiller.

Une autre artiste privilégie elle aussi les installations mais s'interroge avec ironie sur le consumérisme ambiant : Sylvie Fleury. Elle détourne les accessoires de luxe et les ridiculise en les recouvrant de peinture ou en les capitonnant de fourrure. On se souvient encore de sa décoiffante exposition de 2008 intitulée « Paillettes et dépendances »... Un livre pour en savoir plus ? *Les Objets de l'art contemporain* de Karine Tissot.

### VERNISSAGE COMMUN

Vous avez raté le BAL et la MAC ? Pas de panique : dans le quartier des Bains (p. 56), des galeries font vernissage commun quatre fois l'an ! On appelle ça la Nuit des Bains (www.quartierdesbains.ch). L'occasion de découvrir les derniers accrochages et les nouvelles galeries comme Jancou au 63, rue des Bains (B4) ou Xippass au 6, rue des Sablons (B4) (Calendrier des vernissages et week-ends de performances sur www.geneve-art-contemporain.ch).

# Le septième art

**Dans les années 1960, cinq Genevois tournent avec peu de moyens mais un talent certain des films en 16 mm. Ils fondent le « Groupe 5 ». Quinze ans plus tard, on retrouve trois d'entre eux à l'affiche de la Mostra de Venise : Tanner pour *No man's land,* Soutter pour *Signé Renart,* Goretta pour *Orfeo*. Flash-back sur ces réalisateurs qui ont su forger un style et donner ses lettres de noblesse au cinéma suisse.**

## Alain Tanner

Dès son premier long-métrage (*Charles mort ou vif,* 1969), Tanner impose un ton qui fait mouche et lui vaut l'attention d'un public averti. Porte-drapeau du « nouveau cinéma suisse », il construit une œuvre grave, cohérente, dont la force réside moins dans la trame romanesque ou l'anecdote sentimentale que dans la critique, assez virulente, de la société helvétique. On est loin des films alpins et des idylles à l'optimisme béat ! Les dialogues sont rares (ce qui est tu est parfois plus important que ce qui est dit), le rythme volontairement monotone. On lui doit notamment le noir *Messidor* (1979), le superbe *Dans la ville blanche,* tourné à Lisbonne (1983), *La Vallée fantôme* (1987, avec J.-L. Trintignant), *La Femme de Rose-Hill* (1989), *Fourbi* (1995)…

## Claude Goretta

Né en 1929 (comme Tanner, avec qui il fonde en 1951 le Ciné-club universitaire de Genève et tourne *Nice Time*), Goretta réalise, à partir de 1961, diverses émissions pour la Télévision suisse romande et plusieurs films dans lesquels il se livre à une satire de la société. Il brosse le portrait de cadres moyens conscients qui se

rendent compte qu'ils ont raté leur vie ou qui se révèlent tels qu'ils sont : égoïstes, étriqués, lâches, velléitaires. Ses œuvres – *Le Fou* (1970, avec Jean-Luc Bideau), *L'Invitation* (1973), *Si le soleil ne revenait pas* (1987, avec Charles Vanel et Philippe Léotard) – sont autant de perles rares. Pourtant, une partie de la critique, embarrassée par leur dimension… contestataire, n'y a vu que grisaille et ennui.

## Michel Soutter

Soutter (1932-1991) connut ce genre de réaction dès son premier « long » : *La Lune avec les dents,* qui disait la « rage de ne pouvoir vivre dans un monde étranger à la moindre fantaisie », a été hué à sa sortie en 1966. Le suivant, *Haschich,* fut accueilli par un silence glacial. Il faut attendre *Les Arpenteurs* (1972) pour qu'un cercle plus large de cinéphiles prenne toute la mesure de son talent. Et de son univers : constitués non pas d'une intrigue mais d'une suite de rencontres inopinées entre des personnages qui n'ont en commun que leur difficulté d'être, ses films tissent avant tout un « climat », empreint de tendresse et de mélancolie.

## Le relais

On peut citer entre autres Patricia Plattner qui s'est imposée après *La Dame de pique* (1986) et de nombreux documentaires, dont un beau portrait de l'écrivain Nicolas Bouvier (*Le Hibou et la Baleine*) – comme une cinéaste globe-trotter ballottée entre Sri Lanka, Inde et Abyssinie. Son dernier opus ? *Bazar* (2009). Ou encore le jeune Vincent Pluss qui défend lui aussi un cinéma de qualité. De son expérience au sein du collectif Dögmeli inspiré du fameux Dogme de Lars von

Trier est né *On dirait le Sud*. Ce film, qui aborde le sujet des familles recomposées, a décroché le prix du festival de Soleure 2003 dans la catégorie meilleur long-métrage de fiction. Deux autres Genevois à suivre ? Laurent Nègre, auteur en 2010 d'une farce « multicolore et déjantée » (*Opération Casablanca*), et Milagros Mumenthaler, lauréate du festival de Locarno 2011. On trouvera leurs DVD à la Librairie du Cinéma (p. 69) ou chez Aker (p. 127).

## FESTIVALS

À inscrire sur votre agenda, deux rendez-vous incontournables du paysage culturel genevois : le **Black Movie** en février (☎ 076 513 77 48 – www.blackmovie.ch – prix des places : 14 Fr), dédié aux réalisateurs d'Afrique, d'Asie et d'Amérique latine, et le **Cinéma tous écrans** en novembre (☎ 022 809 69 20 – www.cinema-tous-ecrans.ch), qui présente sur grand écran le meilleur de ce qui est produit pour le petit : des fictions signées Atom Egoyan, Lucas Belvaux, Arpád Bogdán, Arturo Ripstein… En prime : deux nuits du court-métrage aux Scala (p. 137) et un prix Compétition suisse (Swissperform).

# Ils ont choisi Genève

**Genève, à l'évidence, exerce une grande force d'attraction sur la jet-set ! Pas uniquement, comme on le croit bien souvent, pour des raisons fiscales : même si les vedettes du show-biz, les émirs et les sportifs ont parfois la possibilité d'être taxés sur leurs dépenses plutôt que sur leurs revenus, ils apprécient le canton parce qu'on y cultive encore une bien précieuse vertu, le respect de la vie privée…**

## Célébrités

Ici, en effet, on est discret par tradition. Autrement dit, les Genevois ne passent pas leur temps à épier les faits et gestes d'Alain Delon ou de Nana Mouskouri. Ils ne s'attroupent pas le dimanche devant la propriété du prince Sadruddin Aga Khan ou du prince Victor-Emmanuel de Savoie. Rares sont ceux qui savent précisément dans quelle paisible villa Phil Collins a élu domicile. Même les tennis(wo)men Amélie Mauresmo et Arnaud Boetsch pourraient faire leurs emplettes dans les Rues-Basses sans risquer d'être aussitôt cernés par une meute de fans ou de paparazzi. Cette retenue, qui se décline à l'égard de tous les résidents quels qu'ils soient, ne date pas du star system mais de l'époque, plus lointaine, où l'on choisissait Genève pour cause de religion…

## Huguenots

Suspectés d'hérésie, persécutés pour avoir adhéré à la Réforme, les protestants arrivèrent par milliers dans la cité de Calvin dès 1550 – on désigne ce premier afflux sous le nom de Premier Refuge – et vers 1685, au moment de la révocation de l'édit de Nantes (Second Refuge). Ces immigrants étaient pour la plupart originaires de l'est et du nord de la France, du Dauphiné (c'est le cas des familles Eynard, Suchard, Odier...), du Queyras (Fazy) et, dans une moindre mesure, d'Italie (Diodati, Turrettini, Micheli, Burlamaqui, Fatio). Leur présence a profondément marqué l'histoire locale, aussi bien sur le plan démographique – la ville a accueilli, après le massacre de la Saint-Barthélemy, dix à vingt personnes par jour – qu'intellectuel et économique : en 1690, sur les trente-deux familles les plus fortunées de Genève, vingt étaient issues du Premier Refuge.

## Proscrits

Au XIXe s., c'est pour des raisons politiques que l'on choisissait Genève. La ville accordait le droit d'asile – assez facilement sous la Restauration (1813-1846) puis avec libéralité sous le régime radical de James Fazy – à des proscrits de toute provenance : professeurs dont les théories étaient jugées trop révolutionnaires en Italie, patriotes magyars, libéraux traqués par la police autrichienne... Certains poursuivirent leur carrière à Genève. C'est le cas de Carl Vogt (1817-1895) : ce biologiste allemand, 

destitué dans son pays d'origine pour avoir embrassé les idées républicaines, fut naturalisé genevois en 1861 et député au Grand Conseil. D'autres exilés n'y résidèrent que le temps de gagner l'opinion à leur cause, tel Tomás Masaryk, qui y fonda officiellement la Tchécoslovaquie.

## Écrivains

À cette liste, dont les noms noirciraient des pages entières, il faut ajouter ceux des nombreux écrivains que la ville a inspirés. Certes, Goethe, Chateaubriand et Lamartine n'ont fait qu'y passer, mais Voltaire y a longtemps séjourné. Lord Byron également, qui aimait à contempler le Léman depuis sa villa de Cologny. C'est à Genève encore que Dostoïevski enfanta, dans la douleur et la misère, *L'Idiot* et que Musil – l'auteur de *L'Homme sans qualités*, qui habitait au nº 1, chemin des Clochettes – rendit son dernier souffle. Il y eut enfin Albert Cohen, qui restitua dans son roman *Belle du Seigneur* l'atmosphère des cercles diplomatiques de la Genève des années 1930, et Jorge Luis Borges qui y vécut les dernières années de sa vie.

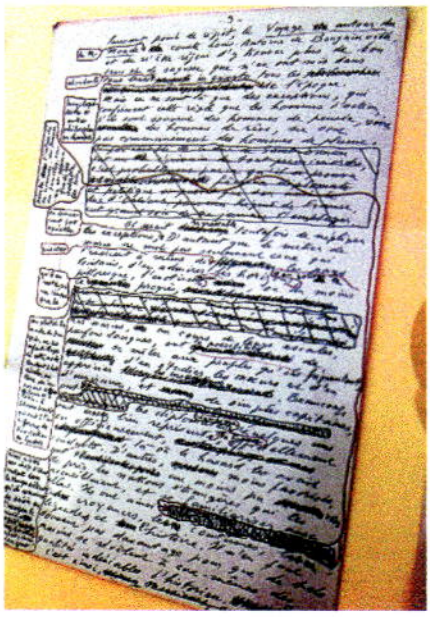

## VOLTAIRE

En 1755, Voltaire, qui avait perdu les faveurs de Paris et de Berlin, s'installe dans une demeure qu'il embellit et baptise « Les Délices ». Il y reçoit toutes les personnalités de son temps, monte des pièces de théâtre et écrit des lettres dans lesquelles il loue la paix dont il jouit à Genève : « J'ai toujours dit qu'à 25 ans il fallait vivre à Paris, et qu'à 50 il fallait vivre ici. » Cet ermitage, qu'il quittera en 1763 pour s'installer en France voisine (Ferney), abrite aujourd'hui un musée consacré au philosophe et au Siècle des lumières (25, rue des Délices (A3), ☎ 022 418 95 60, lun.-sam. 14h-17h, accès libre).

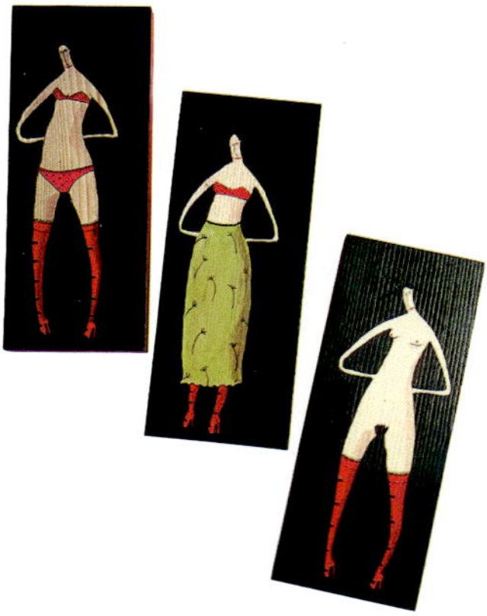

# La bande dessinée

**On le sait peu mais il y a, à Genève, une formidable pépinière de graphistes et déjà une longue tradition dans le domaine de l'affiche dessinée. Certes, la production éditoriale n'atteint pas les tirages de la BD belge, mais elle n'en est pas moins d'une belle vitalité. Soutenu par la Ville qui alloue des bourses et décerne des prix, le neuvième art jouit ici d'une reconnaissance officielle. Est-ce parce que Toepffer, le père de « l'histoire en estampes », était genevois ?**

## Rodolphe Toepffer

Lorsqu'il mourut à l'âge de 47 ans à peine, Rodolphe (1799-1846), fils du peintre Wolfgang Adam Toepffer, laissa derrière lui une œuvre éclectique mais très originale, constituée d'un essai, de deux romans, des récits de ses balades dans les alpages (*Voyages en zigzag*) et de plusieurs albums, comme *Monsieur Vieux-Bois* ou *Monsieur Jabot,* qu'il écrivait *et* dessinait avec un bel humour mêlé d'un grain de sérieux, un sens savoureux de la caricature et un goût prononcé pour le détail pittoresque. Ces petits livres cocasses, qui se taillèrent un franc succès et suscitèrent l'admiration de Goethe, ont jeté les bases d'un genre nouveau, l'histoire en estampes, où textes et images se voulaient

complémentaires : « Des dessins, sans le texte, affirmait Toepffer dès 1837, n'auraient qu'une signification obscure ; le texte, sans les dessins, ne signifierait rien. »

## Ses descendants

Il semble que M. Toepffer ait fait des émules. On ignore si les caricaturistes qui œuvraient dans le quartier de Saint-Gervais au début du XX^e^ s. avaient son talent mais, en dehors de l'après-guerre où les BD importées de Belgique et des États-Unis ont éclipsé la production locale, les Genevois ont toujours eu un faible pour les histoires en estampes. L'art des bulles et des cases a connu un formidable essor dans les années *septante* avec Gérald Poussin, Daniel Ceppi, Pascal Habegger alias Ab'Aigre et Exem, bientôt suivi au milieu des années 1980 par l'éclosion d'une seconde constellation de créateurs de talent : Baladi, Kalonji, Reumann, Nicolas Robel, Tirabosco, Wazem… Ces dessinateurs ne se sont pas cantonnés dans la seule BD : pour vivre et se faire connaître d'un public plus large, certains ont mis leur crayon au service de l'affiche ou du film d'animation, d'autres ont illustré des recueils de contes ou travaillé pour la presse suisse.

## De Baladi…

Mais ils ont au moins quatre points en commun : ils travaillent à Genève, ils exposent leurs planches à la galerie Papiers Gras (p. 127), ils sont nominés ou lauréats du prix Rodolphe Toepffer et, surtout, ils ont l'imagination fertile ! Ne vous étonnez pas si

vous tombez sur des fondues en apesanteur chez Alex Baladi ou des yodleurs haltérophiles chez Jean-Philippe Kalonji : leur univers est un concentré de péripéties entre science-fiction, thriller politique et tranches de vie au quotidien. Les techniques sont aussi variées que les cadrages : pastel gras pour Tom Tirabosco, savants contrastes de noir et blanc pour Pierre Wasem dit « Wazem », vues en surplomb et constructions en diagonale pour Isabelle Pralong.

## … à Wazem

Publiés par des éditeurs courageux comme Atrabile, Drozophile ou Bülb (bandes utopiques à lire dans son bain), leurs albums ont hissé la BD genevoise sur la scène internationale. Que vous conseiller ? Le Genevois Zep, auteur du célébrissime *Titeuf*, Grand Prix d'Angoulême en 2004 ? Nous, on a une petite préférence pour le style brut et urbain d'Helge Reumann et ses inquiétantes créatures qui vivent entre Luna Parks et friches industrielles, mais il y a aussi *Lupus* de Frederick Peeters, *Odette et l'eau* de Nadia Raviscioni, *Helvethika* de Kalonji, *Frankenstein encore et toujours* de Baladi, *Le Secret de Chimneys* de Laurence Suhner alias Lawrence, *Ficus* de Pralong et *Presque Sarajevo* de Wazem.

## L'AFFICHE BD

Nulle part autant qu'à Genève, le mariage entre BD et affiche n'est aussi fécond. Depuis le milieu des années 1970, les murs de la ville sont régulièrement placardés d'images frappantes et souvent très esthétiques qui se distinguent par leur graphisme dérivé de la BD : des traits noirs marqués, des aplats de couleurs vives, un lettrage dessiné… C'est qu'ici, beaucoup d'institutions, annonceurs, etc. font appel à des *bédéastes* pour réaliser pubs, tracts et posters. Certains partis politiques leur confient même les visuels de leur campagne électorale. La BGE (p. 25) conserve une partie de cette foisonnante production signée, entre autres, Poussin, Schwizgebel, Ab'Aigre, Jeanmonod, Aloys et bien sûr Exem (Emmanuel Excoffier), l'auteur du célèbre dessin contre la démolition des bains des Pâquis en 1988.

# Visiter mode d'emploi

## Se déplacer

### À pied

Le centre étant peu étendu, il ne vous faudra guère plus de 20 min pour aller de la gare à la ville haute via Bel-Air et la rue de la Cité. Des plans piétons sont disponibles à l'Arcade d'information (p. 54).

### En tram et bus

Le réseau genevois est divisé en deux zones : les zones 10 (« Tout Genève ») et 21 à 90 (« Genève Région » qui englobe la France voisine, Coppet et Céligny). L'aéroport, Carouge, Genève-Plage et la zone internationale se situent en zone 10 « Tout Genève ». Depuis 2007, tous les hôtels, auberges de jeunesse et campings du canton remettent à leurs clients, dès leur arrivée, une *Geneva Transport Card* qui leur permet d'utiliser gratuitement, pendant toute la durée de leur séjour, le réseau genevois des transports publics. Si vous ne bénéficiez pas de cette carte, vous pouvez opter pour le ticket « Saut de puce » (valable pour trois arrêts, 2 Fr), le billet « Tout Genève » (valable 1h dans tout le canton, 3 Fr), la carte « Dès 9 heures » (valable jusqu'à 5h du matin, 7 Fr), la carte « journalière » (valable, le sam. ou le dim., pour deux personnes, à partir de l'heure d'émission, 10 Fr) ou le forfait hebdomadaire

**SE REPÉRER**

Retrouvez chacune des balades du chapitre Visiter sur la carte générale de la ville placée en fin de guide, grâce aux repères qui vous sont indiqués. Attention, les balades 12, 13 et 16 sont en dehors de la ville.

à 38 Fr, valable dans la zone « Tout Genève ». À l'exception du billet pour le noctambus, qui circule les nuits des ven. et sam. et s'achète (3 Fr) auprès du chauffeur, tous les tickets et forfaits sont en vente aux *automates* – qui acceptent les francs et les euros mais ne rendent pas la monnaie – et dans les agences TPG (Transports publics genevois) de la gare Cornavin (B2) et du rond-point de Rive (C4-D4), ouv. du lun. au ven. 7h-19h et le sam. 9h-17h. Renseignements : TPG ☎ 0900 022 021 (0,94 Fr/min), www.tpg.ch

### En bateau

On les appelle les Mouettes. Trait d'union entre les deux rives du lac, leurs lignes desservent toute l'année, de 7h30 à 19h30 environ, les arrêts suivants :
Ligne M1 : Pâquis – Molard – Pâquis (toutes les 10 min)
Ligne M2 : Pâquis – Eaux-Vives – Pâquis (toutes les 10 min)
Ligne M3 : Pâquis – Genève-Plage – Pâquis (toutes les 30 min)
Ligne M4 : Genève-Plage – De Châteaubriand – Genève-Plage (toutes les 30 min).
Comme ces « taxis lacustres » font partie du réseau urbain, tous les titres de transport pour bus et tram sont valables à bord. Vous pouvez aussi vous procurer un ticket à l'*automate* situé près de l'embarcadère. Les tarifs sont identiques à ceux des transports publics (voir p. 36 « En tram et bus »).

### À bicyclette

Depuis 1989, la municipalité s'emploie activement à revaloriser ce type de transport. Les cyclistes disposent désormais de 70 km d'aménagements cyclables, d'arceaux antivol, d'un plan indiquant les itinéraires recommandés, etc. Ils peuvent louer un vélo à la gare Cornavin (guichet bagages, ☎ 051 225 14 82, www.rent-a-bike.ch) pour 33 Fr/j., ou à Genève Roule : 17, place de Montbrillant (B2), ☎ 022 740 13 43, www. geneveroule.ch, t. l. j. 8h-18h (en été, t. l. j. 8h-21h), à partir de 12 Fr/j. Autres dépôts : Bains des Pâquis, plaine de Plainpalais, place du Rhône. Une « carte vélo » gratuite est disponible à l'Arcade d'information (voir p. 54).

### En taxi

On peut les héler dans la rue, les commander par téléphone ou les attendre sagement à la station. Dans tous les cas de figure, ils sont chers : pour une course entre le centre-ville et l'aéroport, distant de 4 km, comptez de 35 à 40 Fr selon l'heure et la densité du trafic. Tarif en vigueur : 6,30 Fr de prise en charge, 3,20 Fr le kilomètre de 6h30 à 20h30 (3,80 Fr les nuits, dim., j. fériés et hors canton). Supplément bagage ou skis : 1,50 Fr (3 Fr dès 30 km). Pourboire et TVA sont compris.
Central « Taxiphone » : 15, rue des Rois (B3-4), ☎ 022 331 41 33 www.taxi-phone.ch

## Bien se garer

Attention ! ne stationnez pas n'importe où : les amendes sont fortes (de 40 à 120 Fr) et les contrôles fréquents. Il existe, dans le centre-ville, une quinzaine de parkings couverts et surveillés 24h/24, où les 4h de stationnement coûtent entre 10 et 13 Fr. C'est le cas des Arcades (11-19, rue des Alpes, C2),

### MINICROISIÈRES

Pour celles et ceux qui auraient envie de lever l'ancre, la **CGN** organise au départ du Jardin anglais (p. 53) des croisières d'un soir en juil.-août (durée : 3h30 ; prix : 40 Fr), des tours du lac d'une journée entière (du 1er juin à la mi-sept. : 49 Fr) et bien d'autres excursions en bateau.
La **Swissboat** propose, quant à elle, une croisière commentée de 2h devant les berges du Léman et leur cortège de résidences célèbres, du chalet de Lénine à la villa de l'Aga Khan en passant par le château de Coppet. Départs du quai du Mont-Blanc, face à l'hôtel Beau-Rivage (p. 63), à 15h du 1er juin au 30 sept. Prix : 25 Fr.
D'avr. à oct., une **Mouette** descend le Rhône du pont de l'Île au barrage de Verbois pour un lent travelling de 2h45 (départ à 10h ou 14h selon la saison, prix : 35 Fr).
Renseignements :
CGN : ☎ 0848 811 848, www.cgn.ch
Swissboat : ☎ 022 732 47 47, www.swissboat.ch
Mouettes : ☎ 022 732 29 44.

de Cornavin (36-40, rue de Montbrillant, B2), du Seujet (quai du Seujet, A3-B3) et du Mont-Blanc (quai Général-Guisan, C3). Si vous voulez vous garer en surface, sachez qu'il existe des zones blanches à stationnement illimité et des zones bleues où le stationnement est limité à 1h, de 8h à 19h les jours ouvrables (disque de stationnement nécessaire). Dans les zones à horodateurs, le jeu consiste à composer sur le parcomètre le numéro d'immatriculation de votre véhicule (uniquement les chiffres) et à placer le ticket à l'intérieur, face au pare-brise. Tarif : 2 Fr/h.

## Comment téléphoner ?

Pour appeler Genève depuis la France, il suffit de composer le ☎ 0041 22 suivi du numéro de votre correspondant. Pour appeler la France depuis Genève : le ☎ 0033 suivi du numéro sans le 0 initial. Pour appeler depuis Genève une autre ville de Suisse, composez l'indicatif de la ville au complet, y compris le 0 initial. Vous pouvez bien sûr téléphoner de votre chambre d'hôtel, mais le prix des communications est fortement majoré. Il est plus avantageux d'appeler depuis une cabine publique avec une carte *tax-card Swisscom*, en vente au prix de 5, 10 ou 20 Fr dans les kiosques et les bureaux de poste. Tarif réduit : lun.-ven. 17h-8h, sam., dim. et j. fériés (0,04 Fr/min au lieu de 0,08 Fr). Renseignements : ☎ 18 11 pour la Suisse, ☎ 11 53 pour la France, ☎ 11 59 pour les autres pays. Pour envoyer un e-mail : iSpot (place Dorcière, C2-3, ou 3, rue Pictet de Bock, B5 ; www.ispot-communications.com). Tarif : de 4 à 10 Fr/h.

## Votre courrier

On trouve des timbres dans les tabacs et les bureaux de poste. Le monumental Hôtel des Postes, situé au n° 18 de la rue du Mont-Blanc (C2-3), est ouvert du lun. au ven. de 7h30 à 18h et le sam. de 9h à 16h. Seul le bureau « Genève 2 » dit « Montbrillant », situé

derrière Cornavin, au n° 16 de la rue des Gares (B2), est ouvert t. l. j. lun.-ven. 8h-20h, sam. 8h-12h, dim. 16h-19h. Tarif prioritaire pour une carte postale ou une lettre jusqu'à 20 g : 1 Fr à destination de la Suisse ; 1,40 Fr pour un pays de l'Union européenne ; 1,90 Fr pour tout autre pays. Acheminement rapide.

## Où changer de l'argent ?

Vous pouvez changer vos devises dans les banques – du type Crédit Suisse, Migros ou UBS – du lun. au ven. de 8h30 à 16h30. En dehors de ces heures d'ouverture, il vous faudra recourir aux services du bureau de change de la gare Cornavin (lun.-sam. 7h-19h40, dim. 9h15-17h50) ou de l'aéroport (t. l. j. 6h30-21h) mais compte tenu des taux pratiqués, il est peut-être

### GENÈVE GRATUITE

Toute l'année, on peut visiter sans bourse délier les musées municipaux (voir p. 39 la rubrique Musées). Chaque été (t. l. j. 9h-19h), vous pouvez emprunter un vélo chez Genève Roule sur simple présentation d'une carte d'identité (www.geneveroule.ch). Ou pratiquer le farniente dans onze parcs (Beaulieu, La Grange, Bastions…) : chaises longues et pataugeoires pour enfants y sont en libre-service ! D'avril à oct., le 1er dim. du mois, Dimanche à pied propose des balades guidées sur des thèmes originaux (www.dimancheapied.ch). Mais ce n'est pas tout : sur www.ville-geneve.ch/themes/culture/culture/entree-libre, vous trouverez plein d'autres pistes pour découvrir Genève… à l'œil !

préférable de retirer des francs suisses à un distributeur automatique avec votre carte de crédit. À condition toutefois de limiter le nombre des retraits, votre banque prélevant une commission pour chaque opération (env. 2,50 % du montant + 3 €).

## Informations touristiques

Il y a deux bonnes adresses pour se renseigner sur place : **Genève Tourisme**, dont le bureau se situe au n° 18 de la rue du Mont-blanc (C2-3), à l'intérieur de l'Hôtel des Postes (☎ 022 909 70 00, Ⓕ 022 909 70 11, info@geneve-tourisme.ch, lun. 10h-18h, mar.-sam. 9h-18h), c'est le pro de votre séjour à Genève. Ses hôtesses pourront vous faire profiter d'un forfait week-end, vous donner un plan de la ville et vous renseigner sur les manifestations culturelles. Il existe aussi, au beau milieu du Rhône, sur le pont de la Machine, une très utile **Arcade d'information** qui dépend de la Ville de Genève (p. 54).

## Visites guidées

De juin à fin sept., Genève Tourisme et la Ville de Carouge proposent des visites à thème, d'une durée de 2h, sous la conduite d'un guide qui saura vous en faire découvrir les charmes les plus cachés. Il n'est pas nécessaire de réserver. Pour tout connaître de la ville haute ou des jardins secrets de la cité sarde, il vous suffit de vous présenter 10 min avant l'heure au 18, rue du Mont-Blanc (C2-3) pour Genève ou au 14, place du Marché pour Carouge (HP par B5). Participation : 10 à 15 Fr. Autres balades carougeoises possibles avec Illico au ☎ 022 307 89 87 ou 022 300 59 60, sur www.carougemania.ch et www.illico-travel.ch

## Musées

La plupart sont ouverts de 10h à 17h. Ils font relâche le lundi (ou le mardi) et les jours fériés : le 1er janv., le Vendredi saint, le 1er août, le Jeûne genevois (début sept.), les 25 et 31 déc.

On trouvera à l'Arcade d'information (p. 54) un dépliant indiquant les horaires des divers musées, fondations et centres d'art. L'accès aux collections permanentes des musées municipaux (musée d'Art et d'Histoire, Ariana, Tavel...) est gratuit. Depuis 2003, l'accès aux expos temporaires est gratuit le premier dimanche de chaque mois. Dans les autres musées, le prix du billet varie entre 5 et 10 Fr. Les mordus pourront se procurer le *passeport* à 144 Fr, valable 1 an dans plus de 440 musées suisses.

### ADRESSES UTILES

- **Consulat de France**
2, cour des Bastions (C4)
Lun.-ven. 8h30-14h30
☎ 022 319 00 00.
- **Urgences**
Pompiers : ☎ 118
Police secours : ☎ 117
Secours routier : ☎ 140
Ambulance : ☎ 144
Intoxication : ☎ 145
SOS Médecins à domicile (AMG) : ☎ 022 322 20 20 (t. l. j. 7h-23h)
SOS Pharmacien : ☎ 022 420 64 80, 144 ou www.pharmacies-geneve.ch
Hôpital cantonal : ☎ 022 372 33 11
Clinique dentaire : ☎ 022 346 64 44 ou ☎ 022 388 77 45
Horloge parlante : ☎ 161
Prévisions météo : ☎ 162.

**Objets trouvés**
5, rue des Glacis-de-Rive (D4)
Lun.-ven. 7h30-16h
☎ 022 546 09 00.

1

Voir plan détachable
C4

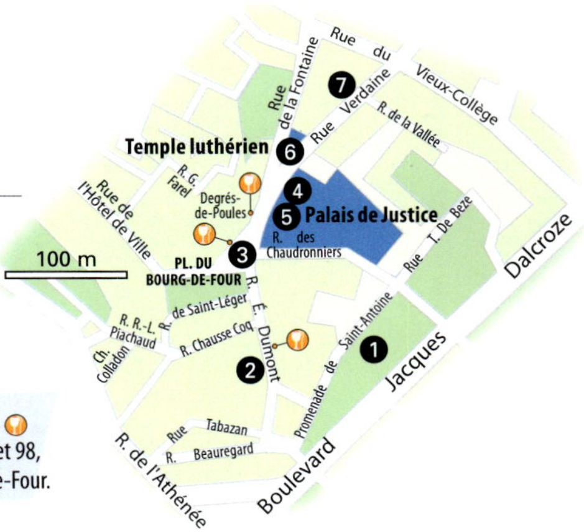


Pour les restaurants et cafés reportez-vous aux p. 92, 96 et 98, quartier Autour du Bourg-de-Four.

# Autour du Bourg-de-Four

**Au Moyen Âge, déjà, tous les chemins menaient au Bourg-de-Four : la grande voie impériale de Milan y croisait la route de la vallée de l'Arve. La place, dont le nom dérive du latin *forum*, était alors bordée d'auberges et d'hospices. On y vendait blé et bestiaux. Le Bourg-de-Four, aujourd'hui piéton, est toujours aussi animé. Raison de plus pour s'offrir une petite incursion dans les rues voisines : la secrète Tabazan ou le passage des Degrés-de-Poules…**

## ❶ Promenade Saint-Antoine★★

Comme votre promenade sera très « classique », autant la commencer par l'enfilade d'hôtels particuliers édifiés à l'orée de la ville haute, sur l'ancien bastion : un vrai bonheur pour qui aime les façades sobres et mesurées des XVIII$^{e}$ et XIX$^{e}$ s. ! Au n° 14 vécut Rodolphe Toepffer, précurseur de la bande dessinée (p. 34) ; au n° 16, le virtuose Rodolphe Kreutzer, à qui Beethoven dédia sa sonate pour violon en *la* majeur. Et au n° 22, le banquier Mirabaud.

## ❷ Détail★

**16, rue Étienne-Dumont**
**☎ 022 310 78 05**
**Mar.-ven. 11h-18h30, sam. 11h-17h.**

Même si vous connaissez par cœur les vases en zinc de Christian Tortu et la porcelaine de Marcel Marongiu, ne boudez pas Détail. Cette délicieuse échoppe a le chic pour réunir sur une même table, dans une belle harmonie de blanc et de violet, des objets que l'on n'a pas l'habitude de voir juxtaposés. Et l'exercice de style est réussi, puisque les tasses à café by Claudio Colucci se marient fort bien avec les bougies japonaises à petit socle noir.

## ❸ Place du Bourg-de-Four★★

Ici une fontaine du XVIII$^{e}$ s., là des fenêtres à accolade… :

tout le charme de la plus grande place de la vieille ville tient à ces menus détails décoratifs, mais aussi à ses cafés dont les terrasses sont toujours très convoitées aux beaux jours. En attendant qu'une table se libère à La Clémence (p. 98), faites un peu de lèche-vitrines ! Il y a des vins du terroir au n° 1, du linge de maison chez Magda Quedens au n° 10, des truffes et des tartelettes au citron chez Arn au n° 12…

genevois de Pessy comme l'aligoté du domaine des Perrières (12 Fr).

### ❺ Palais de justice★

**1, place du Bourg-de-Four.**

C'était, à l'origine, l'hôpital général. Œuvre de l'ingénieur Joseph Abeille et du maître maçon Moïse Ducommun, sa façade un peu raide, qui dissimule deux cours à portiques et plusieurs bâtiments, constitue une parfaite illustration du goût au début du XVIII$^{e}$ s. – ce Siècle des lumières, agité mais brillant, durant lequel la république de Genève entreprit de grands travaux de rénovation urbaine…

### ❻ Temple luthérien★

**À l'angle de la rue Verdaine et de la rue de la Fontaine.**

… et œuvra en faveur de la tolérance. Très tôt, en effet, elle autorisa le culte luthérien, comme en témoigne cette demeure bâtie pour le prince Frédéric de Hesse et offerte à la communauté allemande qui s'était réfugiée à Genève après la révocation de l'édit de Nantes (1685). Son plus beau décor : la grille du portail, forgée avec brio par le Vaudois Jean-Conrad Staib (1762).

### ❹ La Cave du Palais de Justice★

**1, place du Bourg-de-Four**
**☎ 022 311 40 14**
**www.cavedupalais.ch**
**Mar.-ven. 9h-18h45, sam. 9h-17h.**

Un bon caviste où l'on pourra faire emplette de liqueur d'edelweiss (51 Fr) et d'eaux-de-vie suisses très près du fruit mais aussi de bons vins

### ❼ ANGEL DES MONTAGNES★★

Vous avez un faible pour la vie dans les alpages ? Angel devrait vous plaire, avec ses piqués (courtepointes) bien douillets, écrus, tilleul ou myrtille, brodés de cerfs ou d'edelweiss… Après avoir fait provision de plaids et de coussins (84 Fr), il ne vous restera plus qu'à vous initier à l'art du papier découpé qui se pratiquait, au coin du feu, durant les longues soirées d'hiver, tant dans le pays d'En-Haut vaudois que dans le Saanenland bernois.

**12, rue Verdaine**
**☎ 022 310 62 30**
**www.angeldes montagnes.com**
**Lun.-ven. 9h30-18h30, sam. 9h30-17h30.**

2

Voir plan détachable
C3-4

Pour le restaurant et le café reportez-vous aux p. 92 et 98, quartier La ville haute.

# La ville haute

**Entre la place du Bourg-de-Four et la rue de la Cité s'étirent la rue de l'Hôtel-de-Ville et la Grand-Rue qui épousent toutes deux la ligne de crête de la colline. C'est le cœur de la vieille ville, un quartier feutré où l'on flâne, le nez levé sur d'attachantes boutiques et de dignes façades. Surtout celles de la rue des Granges qui masque ses hôtels particuliers à la française derrière des portes cochères. C'est aussi un quartier où tout raconte la Réforme. Voici donc, histoire de vous frotter un peu à la « Rome protestante », une balade sérieuse mais instructive !**

## ❶ Temple de l'Auditoire★

**Place de la Taconnerie**
**Accès libre.**

On l'appelle aussi l'« Auditoire de Calvin », car c'est ici, dans cette église gothique passablement dépouillée, que Calvin expliquait la doctrine réformée, au côté du Bourguignon Théodore de Bèze (p. 25) et de l'Écossais John Knox. C'est ici que furent formés de nombreux pasteurs et que germa, à l'initiative du même Calvin, la première université de Genève : l'Académie. Le temple, octroyé dès 1555 aux réfugiés de langue anglaise, est toujours affecté au culte.

## ❷ Site archéologique★

**6, cour Saint-Pierre**
**☎ 022 311 75 74**
**www.site-archeologique.ch**
**T. l. j. 10h-17h**
**Entrée plein tarif : 8 Fr**
**(16 Fr le billet combiné : site archéologique, tours de la cathédrale, musée international de la Réforme).**

Les archéologues, qui ont fouillé trente années durant les sous-sols de Saint-Pierre, ont réussi à percer les mystères des différentes églises qui ont précédé l'actuelle cathédrale, du sanctuaire des premiers chrétiens à celui des rois burgondes. Ils ont mis au jour une précieuse cuve baptismale du IVe s. et un pavement en mosaïque polychrome, orné de motifs géométriques.

## ❸ Cathédrale Saint-Pierre★★

**Cour Saint-Pierre**
**www.espace-saint-pierre.ch**
**Juin-sept. : lun.-sam. 9h30-18h30, dim. 12h-18h30 ; oct.-mai : lun.-sam. 10h-17h30, dim. 12h-17h30**
**Accès libre, sf tours nord et sud (entrée plein tarif : 4 Fr)**
**En été, concerts d'orgue sam. à 18h (www.concerts-cathedrale.ch)**
**Voir « Zoom sur » p. 83.**

Certes, elle est un peu… sévère (Réforme oblige) mais ce n'est pas une raison pour la bouder. La cathédrale Saint-Pierre, en effet, a de beaux restes : une chapelle des Macchabées, restaurée dans le goût néogothique en 1888, des stalles du XVe s. et trois cents chapiteaux sculptés (le plus important ensemble du genre en Suisse). Enfin, sa tour nord, accessible par un escalier de 157 marches, offre une vue imprenable sur toute la vieille ville !

## ❹ Musée international de la Réforme★★

**4, rue du Cloître**
**☎ 022 310 24 31**
**www.musee-reforme.ch**
**Mar.-dim. 10h-17h**
**Entrée plein tarif : 13 Fr (avec audioguide).**

Il n'a rien d'austère, ce musée ! Aménagé à l'endroit même où les Genevois votèrent l'adoption de la Réforme en 1536, il évoque le protestantisme suivant un parcours aussi instructif que ludique. Ne manquez pas les caricatures de la salle 3 ni le jeu de l'oie de la salle 6 ! Le but est bien sûr d'atteindre le premier le Paradis mais attention : à la case 46, si vous ignorez le nom de l'apôtre qui aurait trahi Jésus, il vous faudra retourner case 37 !

## ❺ Les Armures★

**1, rue du Puits-Saint-Pierre**
**☎ 022 310 34 42**
**www.hotel-les-armures.ch**
**Lun.-ven. 11h30-23h30, sam.-dim. 12h-23h15.**

Ce n'est pas seulement un logis du XVIIe s., transformé en un charmant hôtel cinq étoiles, à poutres décorées de rinceaux gris-bleu. C'est aussi un restaurant où l'on sert avec application de bonnes spécialités suisses qu'ont déjà testées Bill, Hillary et Chelsea. Au menu : une fondue au fromage et aux bolets (28,50 Fr).

## ❻ MAISON TAVEL★★★

Ne vous fiez pas aux apparences ! Derrière son enduit gris foncé à joints blancs, la vieille maison Tavel, admirablement restaurée, cache un musée passionnant qui, des caves aux combles, vous dira tout sur le passé politique, l'évolution de l'urbanisme et le cadre de vie des Genevois du XIVe au XIXe s. Un cadre de vie que l'on pourrait résumer en trois mots : sens pratique, mesure et discrétion.

**6, rue du Puits-Saint-Pierre**
**☎ 022 418 37 00 – www.ville-ge.ch/mah**
**Mar.-dim. 10h-18h (en cours de réaménagement jusqu'en 2013)**
**Accès libre (sf pour les expositions temporaires)**
**Voir « Zoom sur » p. 79.**

### ❼ Café Papon★

**1, rue Henri-Fazy**
**☎ 022 311 54 28**
**www.cafe-papon.com**
**Lun.-ven. 7h-23h30,**
**sam. 9h30-23h30**
**Plats chauds : lun.-sam.**
**12h-14h30 et 19h-22h30.**

Rien de tel, pour profiter des charmes du lieu, qu'une halte sur le banc qui borde la Treille (il mesure 126 m de long !) ou sur la terrasse du café Papon, aménagée au pied du portique néoclassique de la rue Fazy. David Felisaz y sert un large choix d'entrées, du foie gras de canard à la compotée de quetsches tièdes (26 Fr)… Le midi, plat du jour à 20 Fr.

### ❽ Hôtel de ville★★

**2, rue de l'Hôtel-de-Ville.**

Disons-le : le principal attrait du siège des autorités cantonales est moins la salle de l'Alabama – où fut signée en 1864 la première convention de la Croix-Rouge – que la tour carrée de la cour, desservie par une rampe entièrement pavée de petits galets (1556). On y accède par une porte Renaissance dont le fronton arbore la devise de Genève, *Post tenebras lux* : « Après les ténèbres, la lumière. »

### ❾ Promenade de la Treille★★

De cette aimable terrasse du XVIIIe s., qui déroule ses marronniers jusque sous les fenêtres de la fondation Zoubov, le regard embrasse à la fois l'arrière des nobles demeures de la rue des Granges, les contreforts du Jura et le mont Salève. À l'extrémité est se trouve un marronnier dont l'éclosion du premier bourgeon marque le début officiel du printemps (la date est consignée par un huissier sur une tablette conservée dans la salle du Conseil d'État).

### ❿ Galerie Jan Krugier & Cie★

**29-31, Grand-Rue**
**☎ 022 310 57 19**
**Lun.-ven. 14h-18h.**

Même si vous n'êtes pas un habitué de la Fiac, d'Art Basel ou de l'Arco (la foire d'art contemporain de Madrid), vous avez peut-être déjà entendu parler de Krugier, l'un des plus importants galeristes d'Europe. Établi à côté du no 33 où Ferdinand Hodler avait son atelier, il est l'agent exclusif d'éminentes collections. Vous verrez donc sur ses murs le meilleur du XXe s. (Giacometti, Klee…).

### ⓫ Bernard Letu★★

**2, rue Jean-Calvin**
**☎ 022 310 47 57**
**Lun.-ven. 11h30-18h30,**
**sam. 12h-17h.**

Une librairie qui vaudrait une promenade à elle toute seule ! Passionné par les arts premiers et la photographie, Bernard Letu a en effet réussi à faire de son échoppe un haut lieu de l'image. En feuilletant ses superbes albums sur la lutherie lombarde, les textiles balinais ou les paysages de Cappadoce, on se rappellera que l'un des plus illustres éditeurs d'art du XXe s., Albert Skira, était Genevois...

## ⓬ Musée Barbier-Mueller★★

**10, rue Jean-Calvin**
**☎ 022 312 02 70**
**www.barbier-mueller.ch**
**T. l. j. 11h-17h**
**Entrée plein tarif : 8 Fr**
**Voir « Zoom sur » p. 84.**

Ce musée privé, fondé en 1977 par Monique et Jean-Paul Barbier-Mueller, présente par roulement l'une des plus prestigieuses collections qui soient au monde dans le domaine des arts premiers. Les masques, boucliers, massues et autres objets, choisis sur la base de critères purement esthétiques, offrent un séduisant aperçu de la sculpture tribale en Afrique, Asie et Océanie. Dépaysement garanti !

## ⓭ Fondation Zoubov★★★

**2, rue des Granges**
**☎ 022 312 16 97**
**www.ge.ch/zoubov**
**Visite libre : lun.-ven. 14h30-17h**
**Visite guidée : juin-sept. lun.-ven. à 15h45 ; oct.-mai jeu. à 17h, sam. à 14h30 et 15h30**
**Entrée plein tarif : 5 Fr.**

C'est en mémoire de sa fille Tatiana, décédée à l'âge de 33 ans, que Rosario Julia Schiffner de Larrechea, épouse du comte Zoubov, a légué à l'État de Genève son appartement de l'hôtel de Sellon – dix pièces au total, qui brillent par leur décor Grand Siècle. Dans le salon tapissé de velours brun, un canapé d'angle, provenant du château de Sans-Souci (Potsdam), voisine avec une gouache représentant le palais Stroganov (Saint-Pétersbourg) et un sublime brûle-parfum chinois en émail de l'époque K'ien-Long (1736-1796).

## ⓮ Le Poche★

**7, rue du Cheval-Blanc**
**☎ 022 310 37 59**
**www.lepoche.ch**
**Spectacles : lun. et ven. 20h30, mer., jeu. et sam. 19h, dim. 17h**
**Prix des places : 35 Fr (le lun. 15 Fr).**

Françoise Courvoisier, qui dirige depuis 2003 ce sympathique théâtre, a fait le choix de ne porter à la scène que des contemporains bien vivants. C'est audacieux, parfois « casse-gueule » comme elle le dit elle-même, mais toujours réjouissant. On y entend surtout des dramaturges romands – la Genevoise Francine Wohnlich, la Lausannoise Anne-Sylvie Sprenger... – mais aussi quelques Anglo-Saxons (Falk Richter, David Lodge...). Le petit plus ? L'apéro du sam. matin 11h, qui permet de rencontrer les auteurs.

3

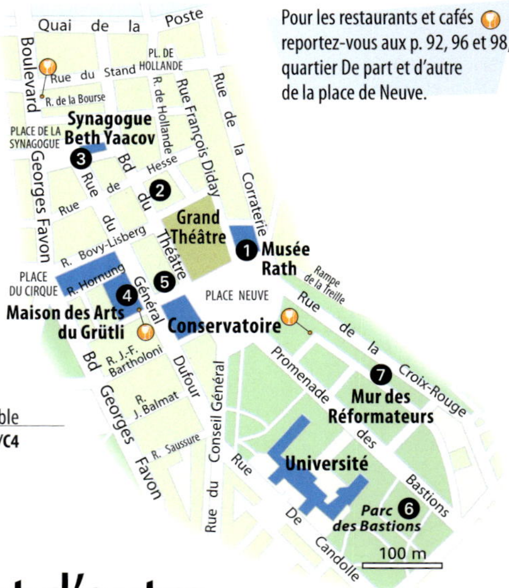


Pour les restaurants et cafés reportez-vous aux p. 92, 96 et 98, quartier De part et d'autre de la place de Neuve.

Voir plan détachable
B3-4/C4

# De part et d'autre
## de la place de Neuve

**Culturel et estudiantin côté Bastions, réservé et bancaire du côté du Rhône et de la très digne rue Diday, ce quartier aux deux visages doit beaucoup à l'infatigable Guillaume-Henri Dufour (1787-1875), dont la statue équestre trône au milieu de la place. Car avant d'être promu général en chef des armées suisses, Dufour était ingénieur…**

### ❶ Musée Rath★★

**Place de Neuve**
**☎ 022 418 33 40**
**www.ville-ge.ch/mah**
**Ouv. lors des expositions : mar.-dim. 10h-18h, mer. 12h-20h**
**Entrée plein tarif : 10 Fr.**

Ce musée bâti en 1826, grâce à un legs de Simon Rath (lequel était à la fois lieutenant-général dans l'armée russe et grand amateur d'art), a pour

architecte Samuel Vaucher, à qui l'on doit les plus belles façades de la rue de la Corraterie et du quai des Bergues. Bref, ne le boudez pas : il accueille d'excellentes expos temporaires qui mettent en lumière des facettes méconnues de l'art (l'armure maniériste italienne…) et l'œuvre de plasticiens que l'on voit trop peu en France : Urs Lüthi, John M. Armleder…

### ❷ Yvon Desbiolles★

**7, bd du Théâtre**
**☎ 022 311 72 05**
**www.artisanhorloger.ch**
**Lun.-ven. 9h-12h et 14h-19h.**

C'est dans ce cabinet de restauration qu'officie, en blouse blanche, Yvon

Desbiolles, horloger rhabilleur depuis trois générations. Non seulement ses mains sont si habiles que les musées lui confient leurs pièces les plus délicates, mais il vend à des prix attractifs des montres de marque (Patek, Audemars Piguet). Sonnez pour entrer !

### ❸ Synagogue Beth Yaacov★★

**Place de la Synagogue.**

Le style néoclassique vous ennuie ? Faites un crochet par la jolie synagogue bâtie en 1857 d'après les plans de Jean-Henri Bachofen.
Ce cartographe qui collabora à l'atlas du général Dufour lui a donné un air orientalisant sans doute inspiré d'un modèle allemand (celle de Dresde ?). Sa construction, en tout cas, fut favorisée par le gouvernement de James Fazy qui avait prévu d'octroyer à chaque communauté religieuse un terrain pour y établir son lieu de culte.

### ❹ Maison des arts du Grütli★

**16, rue du Général-Dufour**
**☎ 022 418 35 55**
**www.ville-ge.ch/culture/grutli**
**Billetterie : lun.-ven. 13h-18h, sam. 13h-17h.**

Ancienne école reconvertie en centre culturel (1989), le Grütli est le lieu le plus expérimental du quartier : on y programme un éventail varié de manifestations qui sortent résolument des sentiers institutionnels. Cohabitent ainsi, autour de l'atrium, une galerie photo, un studio de danse, une salle de théâtre (p. 137), un cinéma d'art et essai, et un café sympa, le Café du Grütli (p. 96).

### ❺ Le Lyrique★

**12, bd du Théâtre**
**☎ 022 328 00 95**
**www.cafe-lyrique.ch**
**Lun.-ven. 7h-minuit.**

Avec ses murs vanille et ses plafonds rehaussés de stuc rose fané, le café-restau de Roland de Siebenthal a du charme à toute heure. Parce qu'il est stratégiquement situé entre le théâtre, le Victoria Hall et le conservatoire, beaucoup y réservent une table pour dîner d'un tartare de saumon au fenouil & carpaccio de thon ou d'une salade de rampon (p.142) au magret de canard avant le spectacle… Mais rien ne vous interdit d'y prendre un petit noir aux heures creuses ! Plat du midi à 20 Fr.

### ❻ Parc des Bastions★★

Même si vous n'êtes pas d'humeur à jouer aux échecs géants ou à réviser sur un banc, franchissez le portail monumental de la place de Neuve pour flâner dans ce jardin qui fait office de campus, entre la bibliothèque de Genève (la BGE, voir p. 25) et le mur des Réformateurs. La promenade, que le botaniste Augustin Pyrame de Candolle avait jalonnée d'essences rares dès 1816, a le mérite d'offrir un point de vue intéressant sur le palais Eynard, l'actuel hôtel municipal, bâti sur le modèle du Petit Trianon de Versailles pour le banquier Jean-Gabriel Eynard.

### ❼ MUR DES RÉFORMATEURS★★

Érigé en 1909, à l'occasion du quatre centième anniversaire de la naissance de Calvin, ce monument évoque les grandes heures de la Réforme.
De part et d'autre des pionniers du mouvement (Guillaume Farel, Jean Calvin, Théodore de Bèze et John Knox) sont représentés, en bas-relief, l'édit de Nantes, le pacte du Mayflower, la paix de Vienne…

**Promenade des Bastions.**

4

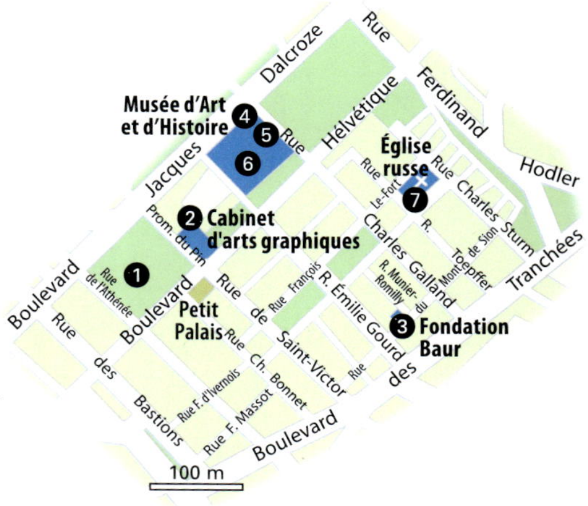


Voir plan détachable
C4-5/D4-5

# Le plateau des Tranchées

**Vous n'y ferez pas un shopping d'enfer, mais vous y découvrirez une église radieuse, deux musées de premier plan et le plus « rangé » de tous les ensembles résidentiels de Genève : fief des cabinets d'avocats et des gérants de fortune, il a été dessiné – peu après que la ville se fut débarrassée de ses fortifications – par un ingénieur formé au génie militaire. Ceci expliquant cela… Ambiance beaux quartiers !**

## ❶ Promenade du Pin*

**Accès possible depuis la rue de l'Athénée.**

À Genève, la verdure n'est jamais très loin ! Ici, c'est un ancien bastion qui a été transformé en jardin suspendu. Entre bouleaux et platanes, il ménage un beau point de vue sur les immeubles de la rue Beauregard et ceux de la promenade du Pin, avec leur molasse verte et leurs toitures à la Mansart.

## ❷ Cabinet d'arts graphiques**

**5, promenade du Pin (3e ét.)**
**☎ 022 418 27 70**
**www.ville-ge.ch/mah**
**Ouv. lors des expositions : mar.-dim. 10h-18h**
**Entrée plein tarif : 3 Fr.**

Plusieurs d'entre eux sont de vrais musées ! C'est le cas de l'hôtel particulier que Gabriel Diodati (l'architecte du palais Eynard, p. 47) a bâti vers 1860 pour l'astronome Émile Plantamour. Derrière sa façade se cache la plus importante collection d'estampes en Suisse : au total, 350 000 gravures et dessins ! Bien sûr, vous n'en verrez qu'une petite sélection à chaque expo mais les accrochages sont toujours de qualité et on y organise des visites commentées.

## ❸ Fondation Baur★★★

**8, rue Munier-Romilly**
**☎ 022 704 32 82**
**www.fondationbaur.ch**
**Mar.-dim. 14h-18h**
**Entrée plein tarif : 10 Fr**
**Voir « Zoom sur » p. 77.**

Cet hôtel particulier de la fin du XIX$^{e}$ s. recèle une prodigieuse collection d'art extrême-oriental, celle qu'Alfred Baur (1865-1951), fils d'un forgeron-serrurier du canton de Zurich, commença à réunir à son retour de Ceylan où il avait passé vingt-deux ans de sa vie à la tête de plantations de thé et de cocotiers. À sa mort, il laissa près de huit mille objets en provenance de Chine et du Japon. Un must absolu !

## ❹ Musée d'Art et d'Histoire★★★

**2, rue Charles-Galland**
**☎ 022 418 26 00**
**www.ville-ge.ch/mah**
**Mar.-dim. 10h-18h**
**Accès libre (sauf pour les expositions temporaires)**
**Voir « Zoom sur » p. 74.**

Préhistoire locale, Égypte, Étrusques, reconstitutions d'intérieurs historiques, arts appliqués… Le plus visité des musées genevois est aussi le plus encyclopédique, avec près de cinq cent mille objets au total, dont quelques chefs-d'œuvre absolus de la peinture suisse : la *Pêche miraculeuse* de Konrad Witz, des portraits de Liotard, des paysages romantiques et des toiles de Hodler. Demandez le plan à l'entrée.

## ❺ Le Barocco★

**2, rue Charles-Galland**
**☎ 022 418 26 82**
**Mar.-dim. 10h-17h (plats chauds : mar.-dim. 12h-14h).**

Au niveau inférieur du musée se cachent le département Archéologie – avec ses vases à figures noires de l'Attique, ses cratères à figures rouges d'Apulie… – et le Barocco, un café-restaurant qui séduit touristes et habitués par l'originalité de ses plats, un brin *fusion* (essayez le tartare de loup à la japonaise à 28 Fr !), son service détendu et le charme quasi italien de sa cour à fontaine et arcades.

## ❻ Art et Histoire★

**2, rue Charles-Galland**
**☎ 022 310 64 50**
**Mar.-dim. 10h-18h.**

Arrêtez-vous un instant dans la boutique du musée d'Art et d'Histoire ! Luca Notari y vend posters, cadeaux, guides illustrés et des catalogues sur de multiples thèmes : l'école romantique, l'horlogerie, l'Escalade (1602)… Sans oublier la revue *Genava* dont certains numéros sont ici soldés à des prix attractifs.

## ❼ ÉGLISE RUSSE★★★

Des bulbes dorés qui scintillent dans le ciel genevois, une iconostase en marbre de Carrare… Bâtie en trois ans (1863-1866) d'après les plans d'un architecte de Saint-Pétersbourg, l'église orthodoxe de l'Exaltation-de-la-Sainte-Croix est un petit bijou dans la catégorie « néobyzantin ». N'hésitez pas à revenir le samedi à 17h30 (ou le dimanche à 9h30) si vous voulez profiter de l'encens et des chœurs !

**9, rue Rodolphe-Toepffer – ☎ 022 346 47 09**
**Mar.-ven. 9h-12h (et 14h-17h en été), sam.-dim. 9h-17h – Obole : 2 Fr.**

5

Pour les restaurants et cafés reportez-vous aux p. 93 et 96, quartier Le long des Rues-Basses.

Voir plan détachable
B3/C3-4

# Le long des Rues-Basses

**À chaque quartier sa spécialité. Celle des Rues-Basses, c'est, pour résumer, le bijou de luxe, le prêt-à-porter chic, le cigare roulé main, le foie gras et l'alcool rare. Autant dire qu'une virée entre Bel-Air et Rive exige un usage contrôlé de sa carte de crédit. Les fans d'archi en profiteront pour regarder les façades : elles ont connu en l'espace d'une génération (1896-1914) une très intéressante métamorphose.**

## ❶ Gilles Desplanches★★

**2, rue de la Confédération**
**☎ 022 810 30 28**
**www.gillesdesplanches.com**
**Lun.-mer. 7h-19h, jeu. 7h-20h, ven. 7h-19h30, sam. 8h-19h, dim. 10h-18h.**

Première étape : le hall de l'Union de banques suisses où Gilles Desplanches, artiste en pâtisserie et député au Grand Conseil, a ouvert un bar à chocolat et un tea-room. Ses mousses aux fruits exotiques (*pabana*) sont un ravissement et ses tablettes de blanc pétillant aux groseilles (8,10 Fr) un cadeau facile à glisser dans la valise.

## ❷ Temple de la Fusterie★★

**Place de la Fusterie**
**www.espacefusterie.ch**
**Lun.-ven. 12h-17h, sam. 12h-13h30.**

Deuxième arrêt : le temple protestant construit en 1713 d'après les plans du huguenot français Jean Vennes. On ne prend pas toujours la peine de visiter cet « îlot » de prière perdu au milieu d'un océan de commerces, et pourtant il recèle un vrai trésor : l'orgue conçu en 1979 par un facteur de Carpentras, Pascal Quoirin. Des concerts y sont organisés (programme sur le site Internet), qui vous permettront de goûter le timbre exceptionnel de ses jeux.

## ❸ Delicatessa Globus★★

**48, rue du Rhône**
**☎ 058 578 50 50**
**www.globus.ch**
**Lun.-mer. 9h-19h, jeu. 9h-21h, ven. 9h-19h30, sam. 9h-18h.**

Tête-de-moine, tomme du vigneron, bleus, corsés ou persillés… Si la simple évocation de ces noms vous fait pâlir d'envie, une halte s'impose au sous-sol du

magasin Globus (p. 117). Il y a là, entre autres merveilles, un stand qui vend plein de ces exquis fromages dont les ménages suisses font une grande consommation (21 kg par hab. en 2009 avec une nette préférence pour les pâtes mi-dures…).

### ❹ Bally★★

**18, rue du Marché**
**☎ 022 310 22 87**
**www.bally.com**
**Lun.-mer. 9h30-18h30, jeu. 9h30-20h, sam. 9h30-18h.**

On l'ignore parfois, mais cette célébrissime enseigne, qui s'est imposée dans tout l'hémisphère Nord grâce à ses bottines mi-jambe en veau et ses mocassins en croco et python, est… suisse : elle a été fondée en 1851 par un fabricant d'élastiques et de bretelles, Carl Franz Bally, à Schönenwerd, dans le canton de Soleure. Depuis, la maison a changé de mains mais les dernières collections (sacs, mallettes, ceintures…) sont toujours aussi soignées et novatrices.

### ❺ 4, rue de la Croix-d'Or★

C'est autour de 1900 qu'urbanistes et architectes ont fait des Rues-Basses le centre de gravité du commerce genevois. Les uns dessinèrent des artères bien aérées, les autres de grandes arcades surplombées de balcons bulbeux, de marquises en métal et de panneaux publicitaires. Exemple : cette façade de 1914. Avec sa structure en béton, sa haute coquille vitrée et son décor en fonte Art nouveau, elle marque le triomphe de l'opulence.

### ❻ Arthur's Rive Gauche★★

**7-9, rue du Rhône**
**☎ 022 810 32 60**
**www.arthurs.ch**
**Lun.-mer. 7h-minuit, jeu.-ven. 7h-1h, sam. 12h-2h.**

Une terrasse au bord du Rhône, un décor néobaroque signé Nicole Codourey… : Arthur's a tout ce qu'il faut pour étancher une petite soif entre deux séances de lèche-vitrines, mais aussi pour déjeuner ou dîner en beauté ! La carte, signée Alain Senderens, est la plus savoureuse des Rues-Basses. Saumon *teriyaki* servi avec un chardonnay de Chouilly, ou suprême de volaille à la coriandre fraîche. Tout y est délicieux. Et pour chaque plat un vin est suggéré. Plats dès 29 Fr.

### UNE PLACE FINANCIÈRE

Vous avez l'impression d'être cerné par les banques ? Normal : Genève est le leader mondial dans la gestion de patrimoine ! Au total, la ville compte 139 établissements bancaires qui emploient 19 900 conseillers, courtiers, experts-comptables et font vivre directement quelque 35 000 personnes. Les banquiers privés, qui officient pour certains (comme Lombard, Odier, Darier, Hentsch & Cie) depuis la fin du XVIII$^{e}$ s., sont au nombre de six. Ils gèrent près de 230 milliards de Fr.

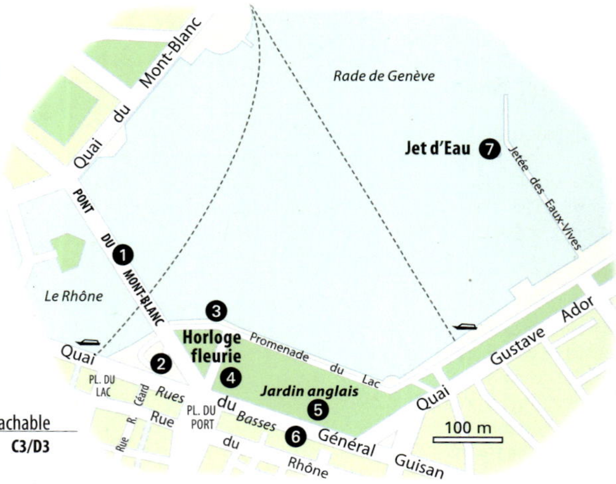


Voir plan détachable
C3/D3

# Aux abords du Jet d'eau

**Un peu de calcul mental : sachant qu'il est aujourd'hui propulsé par deux motopompes à la vitesse de 200 km/h, qu'il mesure 140 m de hauteur, qu'il débite 500 l d'eau à la seconde et que 7 t de liquide planent en permanence dans l'air, essayez de deviner le moment et l'endroit précis où vous serez totalement trempé ! Vous donnez votre langue au chat ? Réponse au bout de la jetée...**

## ❶ Pont du Mont-Blanc

C'est vrai : quatre-vingt mille voitures en moyenne empruntent chaque jour ce pont édifié en 1862 pour relier la gare Cornavin à la rive gauche du Rhône... Mais ce n'est pas une raison pour ne pas profiter de la vue sur la rade de Genève et le panache blanc de son Jet d'eau. Longez le parapet : c'est piéton !

## ❷ Le Lacustre*

**5, quai du Général-Guisan**
**☎ 022 317 40 00**
**Lun.-jeu. 7h-minuit, ven.-sam. 7h-1h, dim. 8h-minuit.**
**À la carte, de 30 à 60 Fr.**

Pour dîner au fil de l'eau, il y a maintenant, au pied du pont du Mont-Blanc, une cantine plutôt smart qui mise sur le répertoire italien – avec des gnocchi à la crème de roquette, des penne à la mode des Abruzzes (24,40 Fr)... – et s'acquitte parfaitement de sa tâche. Vous y trouverez aussi quelques bonnes pizzas – il en existe une vingtaine, toutes garanties DOC. La jolie vue sur le Rhône fait oublier le service, parfois un peu lent.

### ❸ CGN★

**www.cgn.ch**

Retenez bien ce sigle : c'est celui de la Compagnie générale de navigation dont les bateaux (il y en a seize) sillonnent le lac en tous sens (p. 37) pour vous permettre, au départ de cet embarcadère, de longer les rives d'Hermance ou les châteaux et résidences célèbres du canton, le temps d'une minicroisière.

### ❹ Horloge fleurie★

Ne manquez pas de jeter un œil, à l'orée du Jardin anglais, sur le parterre floral, symbole de la vocation horlogère de Genève, que le service des Espaces verts agence, deux fois l'an, avec beaucoup de soin. Il s'agit d'une supermontre, constituée de 6 500 plantes de diverses variétés et dotée d'une trotteuse de 2,5 m – la plus grande qui soit au monde.

### ❺ Jardin anglais★

Dans ce parc public conquis sur le lac en 1854 et modelé à l'anglaise, les allées dessinent de sages méandres entre un kiosque à musique façon station thermale, un petit pavillon en pagode, des bustes de peintres et une fontaine égayée de quelques naïades... nettement moins toniques que celles qui participent à la fameuse Coupe de Noël (mi-déc.). Ce jour-là, en effet, le jeu consiste à sauter d'un pont pour faire quelques brasses dans les eaux du Rhône. Glagla !

### ❻ Le Métropole★★★

**34, quai Général-Guisan**
**☎ 022 318 32 00.**

C'est l'un des fleurons de l'hôtellerie genevoise. Bâti en 1854 par Joseph Collart dans l'esprit du Schweizerhof de Lucerne, il a pourtant failli être rasé en 1977. C'est un référendum populaire – 14 198 non contre 5 763 oui – qui l'a sauvé de la démolition ! À défaut d'y loger (la double, côté lac, frise tout de même les 500 Fr la nuit), offrez-vous le luxe d'un verre au piano-bar (Mirror Bar, lun.-ven. 9h-1h, sam.-dim. 11h-1h).

### ❼ JET D'EAU★★★

Vous voici devant l'emblème de Genève et l'une de ses attractions les plus notoires. Pourtant, cette gerbe d'écume qui jaillit du lac tel un geyser n'avait rien, à l'origine, de touristique : ce n'était qu'un simple dispositif – une soupape de sécurité en quelque sorte – destiné à réguler la pression de l'eau le dimanche, jour où tous les robinets des ateliers étaient fermés. Les promeneurs trouvaient ce jet dominical si pittoresque qu'il fut déplacé dans la rade en 1891, à l'occasion du six centième anniversaire de la Confédération helvétique...

**Jetée des Eaux-Vives.**

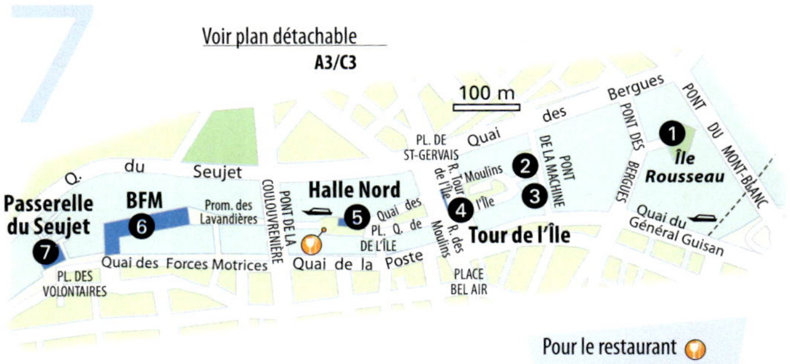


Pour le restaurant reportez-vous à la p. 97, quartier Au fil du Rhône.

# Au fil du Rhône

**Ici, le jeu consiste à flâner d'île en île, au gré des ponts et des passerelles : c'est d'autant plus facile que les bords du fleuve ont été rendus aux promeneurs. Vous pouvez aussi prendre le bateau : les croisières sur le Rhône partent du quai de l'Île. Dans tous les cas, une surprise attend les amateurs de patrimoine industriel.**

## ❶ Île Rousseau★

Oui, c'est bien lui : Jean-Jacques Rousseau (1712-1778), l'auteur de *Julie ou la Nouvelle Héloïse* et des *Rêveries du promeneur solitaire*. En 1828, des Genevois soucieux de réhabiliter, soixante-cinq ans après l'« affaire » (encadré p. 55), la mémoire du plus illustre de leurs concitoyens, lancèrent une souscription pour pouvoir commander au sculpteur James Pradier une statue de l'écrivain. Elle est là, entre cygnes et peupliers…

## ❷ Arcade d'information★★

**1, pont de la Machine**
**☎ 022 311 99 70**
**Lun. 12h-18h, mar.-ven. 9h-18h, sam. 10h-17h.**

Besoin d'un billet pour un concert, d'un renseignement sur une excursion en bateau, de l'adresse d'un cybercafé ? Entrez dans la station qui abritait jusqu'en 1887 la machine hydraulique destinée

à pomper l'eau du Rhône ! À côté du nouvel Espace Swatch, vous y trouverez aussi, entre autres infos, l'excellente série de plans piétons éditée par le service d'Urbanisme.

## ❸ La Cité du Temps★★

**Pont de la Machine**
**☎ 022 818 39 00**
**www.citedutemps.com**
**T. l. j. 9h-18h**
**Accès libre.**

Prêt(e) pour un voyage dans le Temps ? Au dernier étage de cet espace très design, doublé d'un bar-lounge (lun.-sam. 9h30-minuit) et d'un restaurant (lun.-sam. 12h-14h et 19h-21h30), sont réunis tous les modèles de la maison Swatch qui a révolutionné

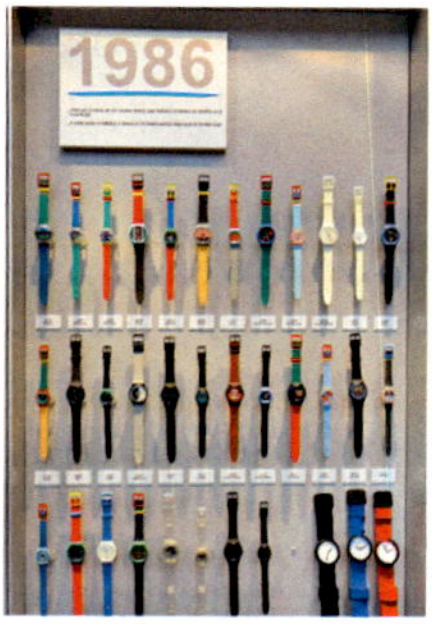


le marché de l'industrie horlogère en vendant 14 millions de montres par an (p. 122). Classées par année, elles sont le reflet des modes et de la créativité suisse. Alors, Vasily ou Cherry Gloss ? En cherchant bien, vous devriez retrouver votre cadran fétiche. Souvenir, souvenir !

## ❹ Tour de l'Île★

**Place Philibert-Berthelier, à l'angle de la rue de la Tour-de-l'Île.**

On a peine à imaginer l'importance stratégique de l'Île au temps où ses ponts constituaient l'unique point de passage entre les deux rives du Rhône. Elle était même si convoitée qu'au XIIIe s., l'évêque Aymon de Grandson y bâtit un château fort muni d'un pont-levis et d'une tour, afin de mieux surveiller les Savoyards. Ces fortifications ont été démolies en 1677, à l'exception de la tour.

## ❺ Halle Nord★

**1, place de l'Île**
**☎ 022 312 12 30**
**www.act-art.ch**
**Mar.-ven. 14h-18h, sam. 13h-17h.**

Des expos sympas sont organisées tous les mois dans cet ancien abattoir qui fut converti en marché couvert vers 1876 avant d'être habilement réaffecté (1981), pour des activités plus… culturelles. L'entrée est libre et les œuvres – vidéos ou installations, comme celle de Mathilde Tinturier en 2008 (*Petits détours et puis s'en vont*) – sont souvent ludiques et expérimentales.

## ❻ BFM★★★

**2, place des Volontaires**
**☎ 022 322 12 20**
**www.bfm.ch**

Le Bâtiment des forces motrices, dont les turbines alimentaient en eau l'agglomération, a été admirablement réhabilité par l'architecte Bernard Picenni qui y a aménagé une salle de 985 places, dédiée à l'art lyrique, à la musique et à la danse contemporaine : la salle dite « Théodore-Turrettini » en hommage à l'ingénieur qui avait supervisé entre 1883 et 1891 les travaux de cette belle usine, ornée de sculptures allégoriques symbolisant Genève, le Rhône et le commerce…

## ❼ Passerelle du Seujet★

Le barrage du Seujet – conçu en 1995 pour réguler le niveau du lac et le débit du Rhône – est doté d'une passerelle piétonne et cyclable qui permet aux promeneurs de voir les bateaux franchir l'écluse avant de poursuivre leur course vers le barrage de Verbois (p. 23).

### L'AFFAIRE ROUSSEAU

Elle éclata en 1762. Le gouvernement genevois, redoutant ses idées avancées et subversives en matière d'éducation et de politique, condamna Rousseau à l'exil et brûla ses œuvres – *l'Émile* ainsi que le *Contrat social* – devant l'hôtel de ville. Le jugement fut annulé en 1794, seize ans après sa mort (pour plus de détails sur l'affaire, visitez sa maison natale : 40, Grand-Rue (B3), ☎ 022 310 10 28 – mar.-dim. 11h-17h30 – www.espace-rousseau.ch – entrée plein tarif : 5 Fr).

8

Voir plan détachable
B4

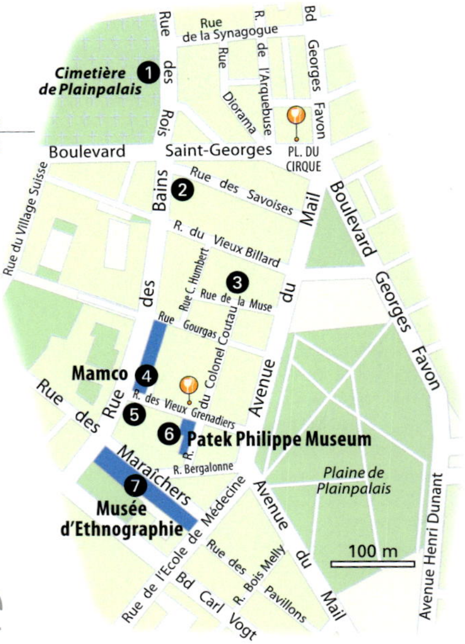


Pour le restaurant et le café reportez-vous aux p. 93 et 99, Quartier des Bains.

# Quartier des Bains, le quartier qui s'expose

**Cet ensemble de rues, situé à l'ouest de la plaine de Plainpalais, a tout ce qu'il faut pour devenir l'un des lieux les plus hype de Genève : du pub de la Presse à la Ferblanterie, on vit ici au gré des accrochages, entre bars à tapas, boutiques design et bâtiments industriels reconvertis en galeries d'art contemporain.**

## ❶ Cimetière de Plainpalais★★

**10, rue des Rois**
**T. l. j. 8h-17h.**

Le très paisible « cimetière des Rois », le nom que lui donnent les Genevois, est la dernière demeure de plusieurs personnalités : Calvin bien sûr (sa tombe serait la n° 707) mais aussi le peintre Calame (n° 603), le chef d'orchestre Ansermet (n° 390), le général Dufour (n° 701), l'écrivain argentin Jorge Luis Borges (n° 735), le diplomate onusien Sergio Vieira de Mello…

## ❷ Mitterrand + Cramer★★

**52, rue des Bains**
**☎ 022 800 28 50**
**www.mitterrand-cramer.com**
**Mar.-sam. 14h-18h.**

À priori, rien ne distingue une galerie genevoise de ses consœurs européennes, tant les artistes qu'elle présente sont cosmopolites. Et pourtant, cela vaut toujours la peine de jeter un œil sur les expos de Stéphanie Cramer et Edward Mitterrand. Car les artistes qu'ils retiennent sont très inspirés : Thomas Ruff, Christian Gonzenbach, Claude et François-Xavier Lalanne…

### ❸ Cramer + Cramer ★

**8, rue de la Muse**
**☎ 022 321 48 12**
**www.philippecramer.com**
**Mar.-ven. 10h30-18h30, sam. 13h-17h.**

Philippe Cramer, issu de la School of Design de New York, a eu la bonne idée d'ouvrir un showroom où il présente ses dernières créations : des objets fonctionnels et élégants que vous avez peut-être déjà vus dans *Wallpaper* ou *Elle Décoration* et qui sont autant de clins d'œil à l'esprit suisse : le tabouret Baar, les bougeoirs Dent Blanche, la table Céligny… Ses matériaux préférés ? La porcelaine, l'argent, le noyer et le chêne.

### ❹ Mamco★★

**10, rue des Vieux-Grenadiers**
**☎ 022 320 61 22**
**www.mamco.ch**
**Mar.-ven. 12h-18h, sam.-dim. 11h-18h**
**Entrée plein tarif : 8 Fr (gratuit le 1er mer. du mois de 18h à 21h et le 1er dim.).**

C'est un peu déroutant, mais c'est bien dans la cour de cette usine désaffectée que se trouve l'entrée du musée d'Art moderne et contemporain. Alcôves, plateaux bruts, ateliers, volumes blancs et espaces modulables s'y succèdent, parfois de façon ludique, pour mieux confronter la création des années 1960 à nos jours et rendre compte de la scène artistique genevoise, de John M. Armleder (né en 1948) à Fabrice Gygi (né en 1965) en passant par Sylvie Fleury, Hervé Graumann…

### ❺ Café des Bains★★

**26, rue des Bains**
**☎ 022 321 57 98**
**www.cafedesbains.com**
**Lun. 12h-14h, mar.-ven. 12h-14h et 19h30h-23h, sam. 19h30-23h.**

La clientèle anglo-saxonne et les galeristes du quartier s'y attablent pour sacrifier aux plaisirs d'une cuisine inventive aux accents méditerranéens et d'une déco plus-tendance-tu-meurs, signée Charles Pictet et François Frey. Nous, on aime surtout le bar attenant où l'on peut déguster pour 20 Fr – assis sur une réédition du fameux tabouret-rangement de Max Bill – une truite à l'orange et quinoa frais.

### ❻ Patek Philippe Museum★★

**7, rue des Vieux-Grenadiers**
**☎ 022 807 09 10**
**www.patekmuseum.com**
**Mar.-ven. 14h-18h, sam. 10h-18h**
**Visites guidées : sam. à 14h**
**Entrée plein tarif : 10 Fr**
**Voir « Zoom sur » p. 81.**

Ce musée vous convie à un fabuleux voyage au pays des aiguilles et des rouages. Ses quatre étages sont en effet consacrés à l'horlogerie genevoise, suisse et européenne : garde-temps en corbeille de fleurs, chronographes, calendriers perpétuels… Au total : deux mille pièces, conçues avant et depuis la fondation de la firme Patek Philippe, qui n'a fabriqué que sept cent mille montres en cent soixante-deux ans (moins de 1 % de la production annuelle suisse).

### ❼ MUSÉE D'ETHNOGRAPHIE (MEG)★★★

72 000 ! C'est le nombre d'objets que possède aujourd'hui le MEG, le deuxième musée ethnographique de Suisse. Hélas, faute de place, cette riche collection est actuellement confinée dans des réserves mais le projet d'agrandissement qu'ont concocté les architectes bernois Marco Graber et Thomas Pulver (un nouvel espace de 2 000 m², situé sous l'esplanade du musée) devrait vous permettre d'en voir au moins une partie dès juin 2014. Et de partir à la découverte des cultures du monde : instruments de musique javanais, masques inuit, poteaux funéraires australiens…

**65, bd Carl-Vogt**
**☎ 022 418 45 50 – www.ville-ge.ch/meg**
**Réouverture en octobre 2014 –** **Voir « Zoom sur » p. 85.**

Pour les restaurants et cafés reportez-vous aux p. 93 et 99 quartier Saint-Gervais.

Voir plan détachable
B2-3/C3

# Saint-Gervais,
## entre gare et fleuve

**Cet ancien faubourg ouvrier, où travaillaient autrefois la plupart des cabinotiers et autres artisans de l'horlogerie genevoise, n'est plus aussi « popu » qu'au XIXe s. – on dit même qu'il devient bobo ces temps-ci – mais il sait encore guincher sur un air d'accordéon dans les dernières gargotes de la rue des Étuves.**

### ❶ Haute école d'art et de design (HEAD)★

**15, bd James-Fazy**
**Programme des expositions sur http://head.hesge.ch**

Juste derrière la masse néogothique de Notre-Dame, qui est *le* pendant catholique de Saint-Pierre, se trouve l'ancienne École des arts industriels (1878) – un édifice remarquable par son esthétique et ses matériaux, alors d'avant-garde (la brique polychrome, la fonte, etc.) – où l'on enseignait, en plus des disciplines affichées en lettres d'or, l'ébénisterie, l'émaillerie, la gravure, la bijouterie-joaillerie…

### ❷ Au vieux Saint-Gervais★

**10, rue des Corps-Saints**
**☎ 022 731 75 75**
**Dim.-jeu. 14h-18h.**

Vous avez déjà écumé les rayons du grand magasin

Manor (voir p. 117) ? Jetez un œil sur la brocante de Bruno Pesenti ! En digne héritier des cabinotiers d'antan, il restaure les vieilles montres à partir d'un stock de pièces détachées d'époque, mais il a aussi dans son échoppe des pendulettes de marque Angélus, des cartes postales un peu jaunies du quartier, des chromos comme on n'en fait plus…

## ❸ Au Ménestrel★

**3, rue des Corps-Saints**
**☎ 022 310 42 65**
**www.lemenestrel.ch**
**Mar., mer., ven. 10h-13h et 14h-19h, jeu. 10h-13h et 15h-20h, sam. 10h-13h et 14h-18h.**

Carlos Carrillo n'est pas de ceux qui se contentent d'aligner dans les bacs les best-sellers du moment : c'est un disquaire épatant – catégorie musique classique – qui défend, entre autres, le patrimoine sonore de la région. Émile Jaques-Dalcroze, Frank Martin (1890-1974), le pianiste Louis Schwizgebel-Wang ou Gilles Vonsattel qui vit aussi à Genève… : leurs CD (36 Fr) sont tous là !

## ❹ Théâtre Saint-Gervais★

**5, rue du Temple**
**☎ 022 908 20 00**
**www.saintgervais.ch**
**Prix des places : 20 Fr.**

Le Saint-Gervais est plus qu'un théâtre : c'est un vrai « poumon de la culture » qui mêle expos (mar.-dim. 12h-18h), projections et spectacles avec un goût prononcé pour l'engagé et l'expérimental. On y croise les compagnies les plus novatrices de la scène romande, la troupe du théâtre de Jérusalem-Est mais aussi Gusti Pollak dans son ineffable spectacle comicobilingue *La Suisse/Die Schweiz*. Pas de quoi s'ennuyer !

## ❺ La Bretelle★

**17, rue des Étuves**
**☎ 022 732 75 96**
**www.labretelle.ch**
**T. l. j. 17h-2h.**

Même si vous n'êtes pas très… musette, poussez la porte de ce bistrot qui a eu pour mythique tenancière, trente années durant, Marie-Claire Roulin, une Yvette Horner de génie. Elle a passé la main en 2009 mais sa guinguette est toujours aussi culte et l'on y donne chaque semaine un concert… de musette ou pas (programme sur www.darksite.ch/ladecadanse). Sans tabou.

## ❼ Bar des Bergues★★★

**33, quai des Bergues**
**☎ 022 908 70 00**
**www.fourseasons.com**
**T. l. j. 11h-1h.**

Élégance, confort et discrétion : telle pourrait être la devise de l'hôtel des Bergues – l'un des plus prestigieux palaces de la Riviera lémanique depuis 1834 – et de son lounge, le Bar des Bergues, que l'on recommande à ceux qui n'ont pas les moyens de s'offrir une nuit (thé de Chine aux mirabelles : 10 Fr). Musique douce, service courtois, décor cosy et belle vue sur le Rhône.

## ❻ MANORA

Manor n'est pas seulement l'adresse shopping incontournable des Genevois, c'est aussi un self bon marché, le Manora (au 4e étage), aussi couru pour son incomparable buffet de salades (salade 8,30 Fr), ses pâtes fraîches minute (10,90 Fr) et son muesli maison (5,90 Ft) que pour sa terrasse avec vue sur le lac et sur la pointe blanche du Mont-Blanc…par temps clair.

**6, rue de Cornavin**
**☎ 022 909 46 99 – www.manor.ch**
**Lun.-mer. 9h-19h, jeu. 9h-21h, ven. 9h-19h30, sam. 8h30-18h.**

10

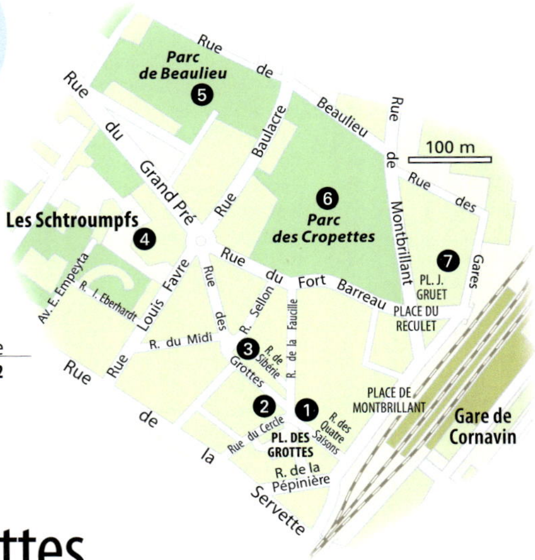


Voir plan détachable
B2

# Les Grottes,
## entre utopie et fantaisie

**Ce faubourg un brin vétuste, relégué derrière la gare de Cornavin, aurait sans doute perdu son âme si ses habitants ne s'étaient mobilisés contre les opérations immobilières qui devaient le transformer en un vaste quartier de bureaux et de parkings. Plongée au cœur d'un insolite bastion de la culture alternative…**

### ❶ Place des Grottes★

Tout ici est ouvert et bon enfant : le marché aux fruits et légumes qui se tient de temps à autre autour de la fontaine, mais aussi la « Maison verte »

aux fenêtres si pittoresques qui accueille chanteurs, poètes et musiciens. Jetez un œil, côté nord, sur la salamandre en mosaïque. Serait-ce une cousine de l'iguane de Gaudí à Barcelone ?

### ❷ Mag'Grottes★

**9, rue des Grottes**
**☎ 022 733 47 33**
**Lun. 14h30-19h, mar.-ven. 10h-12h30 et 14h30-19h, sam. 10h-12h30 et 14h30-17h.**

Côté shopping, la tendance, aux Grottes, est plutôt à la brocante et au tatouage, à la fripe et au réparateur de *péclots* (voir p. 142) mais on n'y vend pas que du déglingué ou de l'ésotérique : le quartier cultive aussi le commerce équitable. Ainsi de cette petite arcade, où des miels de la forêt guatémaltèque côtoient des chutneys du Swaziland. Original et solidaire.

### ❸ Saveurs et Couleurs★

**24, rue des Grottes**
**☎ 022 734 63 52**
**Lun.-ven. 8h-2h, sam. 15h-2h, dim. 11h-2h.**

Des « schtroumpfs » (c'est le surnom des habitants de l'immeuble de la rue Louis-Favre !), vous en croiserez

aussi chez Saveurs et Couleurs, le café le plus convivial des Grottes ! Le service, assuré par M. Kamal ou son fils Mehdi, est souriant et l'on peut y grignoter, entre une girafe récupérée à la Renfile et des banquettes disparates, un gratin de rouget à la cardamome (28 Fr) ou une salade de brochettes de crevettes. Ce n'est pas trop cher et plutôt bon. Avec une terrasse en été.

### ❹ Les Schtroumpfs★★

**25-29, rue Louis-Favre.**

Nous vous avions prévenu : il y a, dans le quartier des Grottes, des lieux improbables et tout à fait extravagants, comme ces immeubles rigolos que l'on dirait tout droit sortis d'une bande dessinée et qui a été réalisé en deux étapes (1978-1984 et 1985-1990) par Frei, Hunziker & Berthoud. On y retrouve quelques-uns des ingrédients chers au Catalan Gaudí et au Viennois Hundertwasser : volumes asymétriques, lignes biscornues, halls en colimaçon…

### ❺ Parc de Beaulieu★

**Accès par la rue Baulacre.**

Aménagé en parc public (65 000 m$^2$), Beaulieu forme avec ses voisins (Trembley et Cropettes) une longue coulée de verdure, ponctuée d'arbres séculaires, de cèdres du Liban (dont deux spécimens plantés en 1735) et de buis taillés en cône. La famille de Sellon, propriétaire de l'hôtel situé au n° 2, rue des Granges (p. 45), avait ici une maison de campagne où Napoléon séjourna en mai 1800, avant sa campagne d'Italie. Point de vue sur les Alpes.

### ❻ Parc des Cropettes★

**Accès par la rue Baulacre et la rue de Montbrillant.**

L'ancien domaine de Mme Odier-Baulacre (acheté par la Ville en 1873) vous réserve lui aussi quelques surprises. À commencer par l'école primaire dont les toitures tendent vers le style « national suisse » cher aux années 1900, et par l'étang, quasi romantique, en forme de croissant de lune. De part et d'autre, vous croiserez ici un acajou de Chine et un séquoia de Californie, là un cèdre bleu de l'Atlas et un sophora du Japon…

### ❼ LE TEMPS DES SQUATS

En 1985, de nombreux jeunes Genevois, excédés par la pénurie d'appartements à loyer modéré et hostiles au projet de démolition des Grottes, décidèrent d'investir le pâté compris entre la rue des Gares et la rue de Montbrillant (l'Îlot 13). Au bout de quelques mois, les squatters purent bénéficier de contrats de confiance. Ils rénovèrent le tout et en firent un haut lieu de la vie associative : ce sont eux qui ont créé au n° 14, rue de Montbrillant rebaptisé place Jaque-Gruet (p. 25) une maison de quartier avec buvette, ateliers, salle de spectacle… Leur mouvement fit des émules. Ainsi, de 1988 à 2006, des partisans d'un « Retour des Habitants dans des Immeubles Non Occupés » (RHINO) ont… *emprunté* le n° 24, boulevard des Philosophes.

Pour les restaurants reportez-vous à la p. 94, quartier Les Pâquis.

Voir plan détachable
C2-3/D2

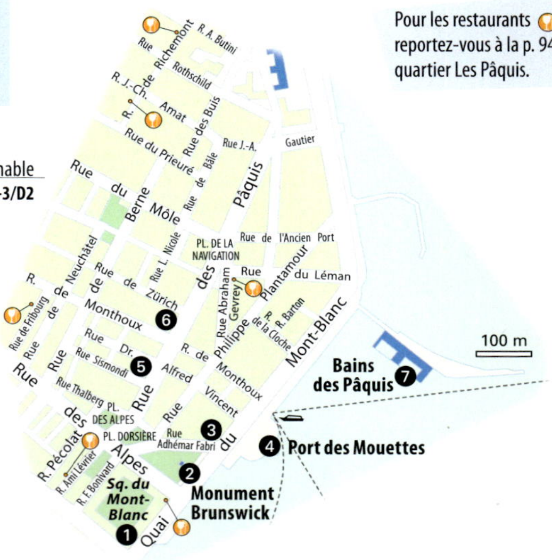


# Les Pâquis,
## artiste, cool et canaille

**Tout le monde vous dira que ce quartier, autrefois populaire et gouailleur, est le plus « sulfureux » de Genève. Pourtant, son charme réside moins dans les *hot shows* et les bars à chicha des abords de la rue de Berne que dans le mélange des genres – palace glamour, buvette des Bains et atelier de styliste – qui cohabitent pacifiquement entre le front de quai et la rue de Lausanne. Ouvrez vos sens et laissez-vous guider !**

### ❶ Square du Mont-Blanc★

**1-11, quai du Mont-Blanc.**

On n'y prête pas toujours attention et pourtant, si vous pouviez vous hisser au-dessus des toits, vous verriez que ce square hors du commun est constitué de vingt immeubles de luxe disposés en carré autour d'un jardin. Le passage qui permet aux piétons d'y accéder se situe au n° 5-7. Autre curiosité : le patio à colonnes ménagé dans le dernier immeuble à l'angle de la rue des Alpes (Hôtel de la Paix).

### ❷ Monument Brunswick★★

**Quai du Mont-Blanc.**

Charles II de Brunswick, mort en 1873 à l'hôtel Beau-Rivage, était un duc original mais riche, qui

légua à Genève la coquette somme de vingt millions de francs-or. Le mausolée, que la Ville était tenue de lui élever en contrepartie, devait s'inspirer d'un modèle précis du XIVe s. : l'illustre tombeau de Cangrande Ier à Vérone ! Une tâche délicate dont l'architecte Jean Franel s'acquitta avec brio…

### ❸ Hôtel Beau-Rivage★★★

**13, quai du Mont-Blanc**
**☎ 022 716 66 66**
**www.beau-rivage.ch**

Quelques années plus tard (1898), c'est l'impératrice d'Autriche qui rendit son dernier soupir au Beau-Rivage. Les fans de Sissi auront donc une pensée émue en poussant la porte de cet établissement si raffiné, qui occupe la septième place au hit-parade des meilleurs hôtels de Suisse. Le *five o'clock tea,* servi près du bel atrium, suffira-t-il à les consoler de la vue du ruban mauve taché de sang ? Les scones, en tout cas, sont moelleux à souhait.

### ❹ Port des Mouettes★

**8, quai du Mont-Blanc**
**☎ 022 732 29 44**
**www.mouettes genevoises.ch**

Les Mouettes sont ces petits bateaux jaunes qui font la navette entre les deux rives, toute l'année (p. 37). Les lignes M1 (Pâquis/Molard) et M2 (Pâquis/Eaux-Vives) fonctionnent toutes les 10 min, de 7h30 à 19h30 environ. Hyper-pratique, non ? La M3, qui relie les Pâquis à Genève-Plage, assure moins de rotations par jour, mais la traversée est plaisante !

### ❺ L'appart★★

**6, rue Sismondi**
**☎ 022 732 12 80**
**www.solo-matine.com**
**Lun.-ven. 10h-19h.**

Vous voici au cœur des Pâquis, dans l'atelier de Natalia Solo-Mâtine, géniale styliste originaire de Moscou, qui conçoit pour les Cendrillon d'aujourd'hui des vêtements très originaux, par leur coupe comme par leurs matières : mohair bouilli, polaire vichy, silicones contrecollés, microfibre brodée au laser de vers écrits par Pouchkine… Une approche résolument artistique, éditée en séries limitées à des prix raisonnables.

### ❻ La Vouivre★★

**21, rue des Pâquis**
**☎ 022 731 87 12**
**Mar.-ven. 7h-18h30,**
**sam. 7h30-18h30,**
**dim. 8h-18h15**
**(f. mi-juil.-début août).**

Le succès de ce salon de thé ne se dément pas. Cela tient sans doute à son décor de boudoir, peuplé de miroirs, de fauteuils dépareillés et de luminaires aux corolles opalescentes. Cela tient aussi à ses petits pains au chocolat, confectionnés de main de maître selon la recette de M. Charrère, le précédent propriétaire. Quoi qu'il en soit, une clientèle sympathique – 50 % genevoise et 50 % multiculturelle, à l'image du quartier – s'y relaie pour papoter autour d'un chocolat chaud au gingembre (4,80 Fr) sur fond d'airs d'opéra.

### ❼ BAINS DES PÂQUIS★★★

C'est une véritable institution, que dis-je, l'un des lieux les plus mythiques de la ville. Ses infrastructures, bâties sur un mode très fonctionnel en 1931, auraient disparu à la fin des années 1980 si dix-sept mille Genevois n'avaient pas dit non à leur démolition. Aujourd'hui, on y coule des heures d'autant plus heureuses qu'entre un sauna et un plongeon dans la rade, on y sert de la fondue au crémant (21 Fr)…

**30, quai du Mont-Blanc**
**☎ 022 732 29 74 – www.bains-des-paquis.ch**
**T. l. j. 9h-20h**
**Entrée plein tarif (sauna, bain turc, hammam) : 17 Fr.**

12

Verso du plan détachable

Pour le restaurant reportez-vous à la p. 95, quartier La zone internationale.

# La zone internationale

**Pour entrevoir un pan de la zone internationale et du célèbre palais des Nations unies, autour duquel gravite une pléiade d'organismes tel le HCR, l'OMM ou l'OMPI (qui offre, soit dit en passant, une vue spectaculaire sur la rade depuis sa cafétéria), il suffit… de monter dans le tram nº 15 en direction des parcs de la rive droite !**

## ❶ Palais Wilson★★

**51, quai Wilson.**

Ce bâtiment classique, conçu par Jacques-Élysée Goss (l'architecte du Grand Théâtre et de la manufacture Patek-Philippe), a changé plusieurs fois d'affectation ! À l'origine (1875), c'était un palace. Puis ses 225 chambres ont été transformées en bureaux pour accueillir de 1920 à 1936 la Société des Nations (Voir p. 14). Il est aujourd'hui le siège du Haut-Commissariat aux droits de l'homme.

## ❷ Villa Bartholoni★★★

**128, rue de Lausanne**
**☎ 022 418 50 60**
**www.ville-ge.ch/mhs**
**Mer.-lun. 10h-17h**
**Accès libre**
**Voir « Zoom sur » p. 78.**

D'après le directeur de la Rolex Watch & Co qui fit l'acquisition de cette villa en 1924 : *This is really the Pearl of the Lake* ! Il est vrai que derrière la teinte gris verdâtre de ses façades néo-palladiennes se cache un superbe décor, bien restauré, tout en ocre, jaune de Sienne, vermillon et ton étrusque. Ainsi qu'une collection unique en Suisse : le musée d'Histoire des sciences.

## ❸ Jardin botanique★★

**1, chemin de l'Impératrice**
**☎ 022 418 51 00**
**www.ville-ge.ch/cjb**
**Avr.-sept. : t. l. j. 8h-19h30 ; oct.-mars. : t. l. j. 9h30-17h**
**Accès libre.**

Il a plusieurs cordes à son arc : 28 ha ouverts au public, seize mille espèces végétales, des serres (ouv. 9h30-16h30) et une collection d'herbiers (accessible aux seuls chercheurs) contenant près de six millions de plantes séchées. Pendant que vos enfants taquinent les animaux suisses menacés d'extinction, jetez un œil au Botanic shop : on y vend des tisanes aux herbes du Valais !

## ❹ Musée des Suisses dans le monde★★

**18, chemin de l'Impératrice**
**☎ 022 734 90 21**
**www.penthes.ch**
**Mar.-dim. 10h-12h et 13h-17h (en hiver : f. mar.-ven. matin)**
**Entrée plein tarif : 5 Fr.**

Vous croyez dur comme fer que la Suisse est un îlot replié sur lui-même et que la présence des Suisses dans le monde se résume à la garde pontificale ? En ce cas, dirigez-vous illico presto vers le coteau de Pregny où une élégante gentilhommière – le château de Penthes – vous dira tout sur le rôle des savants, artistes, explorateurs, ministres, pionniers et colons suisses à l'étranger, du « régiment des Cent », chargé dès 1496 de la protection du roi de France, à l'astronaute Claude Nicollier.

## ❻ Musée Ariana★★★

**10, avenue de la Paix**
**☎ 022 418 54 50**
**www.ville-ge.ch/ariana**
**Mar.-dim. 10h-18h**
**Voir « Zoom sur » p. 76.**

L'Ariana est le musée idéal pour découvrir le savoir-faire des céramistes et verriers suisses ! Il offre en effet, au terme d'un instructif parcours à travers la création orientale et européenne (faïence mauresque, majolique italienne, Delft, etc.) un bel aperçu de la production carougeoise (salle 11, vitrines 3 et 4) et de l'œuvre plus moderne du Genevois Paul-Ami Bonifas.

## ❼ Palais des Nations★★

**14, avenue de la Paix**
**☎ 022 917 45 39**
**ou ☎ 022 917 48 96**
**www.unog.ch**
**Juil.-août : t. l. j. 10h-17h ; avr.-juin et sept. : t. l. j. 10h-12h et 14h-16h ; oct.-mars : lun.-ven. 10h-12h et 14h-16h**
**Pièce d'identité exigée à l'entrée (visite 1h)**
**Entrée plein tarif : 12 Fr.**

Vous en avez forcément entendu parler : c'est le siège européen de l'ONU, qui s'est donné pour priorités le maintien de la paix, le désarmement et la lutte contre la pauvreté. L'édifice a été construit, entre 1929 et 1936, de manière à « symboliser la gloire pacifique du XX^e s. » (*sic* !). À l'intérieur : une imposante salle des Assemblées, trente-quatre salles de conférence, mille six cents bureaux et beaucoup d'œuvres d'art, dons des différents pays.

## ❺ MICR★★★

Le musée international de la Croix-Rouge et du Croissant-Rouge retrace les principaux événements qui ont marqué l'histoire du mouvement, fondé à Genève en 1863, et son œuvre humanitaire en faveur des prisonniers de guerre et des plus démunis. Poignant.

**17, avenue de la Paix**
**☎ 022 748 95 25 – www.micr.org**
**F. pour travaux, réouverture prévue au printemps 2013**
**Voir « Zoom sur » p. 82.**

13

Voir plan détachable
**F4-5**

Pour les restaurants et cafés reportez-vous aux p. 95 et 97, quartier Carouge.

# Carouge, cité sarde

**Vous aimez le Sud, la glycine et les maisons basses ? Sautez dans le tram nº 12 en direction de l'Arve – cette rivière marquait, au Siècle des lumières, la frontière entre la cité de Calvin et le royaume de Piémont-Sardaigne – et descendez au cœur de Carouge, la ville créée de toutes pièces par les autorités sardes pour concurrencer Genève. À coup sûr, elle vous surprendra par son humeur joviale…**

## ❶ Église Sainte-Croix★

**Place du Marché.**

… et son ouverture d'esprit : Carouge en effet se voulait catholique mais traitait avec bienveillance juifs, protestants et francs-maçons. Cette église doit sa belle prestance à un Piémontais – Giuseppe Piacenza, qui conçut plusieurs projets de cité idéale à la demande du roi Victor-Amédée III – et son portique à un Milanais – Luigi Bagutti, qui remania le tout en 1826. L'intérieur, quant à lui, est orné de neuf statues baroques en bois doré du meilleur effet…

## ❷ Igor Siebold★★

**8, rue Saint-Joseph**
**☎ 022 301 29 55**
**www.igorsiebold.ch**
**Mar.-ven. 10h-12h30 et 14h-18h30, sam. 10h-12h et 14h-17h.**

Voici l'atelier d'un créateur de bijoux qui a fait ses classes à l'École des arts décoratifs de Genève et qui a bien saisi l'esprit du temps : sa collection de pâtes (penne en argent, rigate en or...) lui valait déjà un vif succès auprès des intellos et des jeunes branchés. Mais il vient de dessiner d'autres parures très inventives, comme la « bague à texte », une bague en caractères d'imprimerie. À partir de 300 Fr.

### ❸ Musée de Carouge★

**2, place de Sardaigne**
**☎ 022 342 33 83**
**www.carouge.ch**
**Mar.-dim. 14h-18h**
**(ouv. lors des expositions)**
**Accès libre.**

Pour l'instant, les collections permanentes de faïence fine (p. 27) ne sont visibles que sur rendez-vous, mais leur conservateur ne ménage pas ses efforts pour organiser chaque année quatre expos temporaires de grande qualité dans cette maison édifiée vers 1789 pour un maître horloger dénommé Montanrouge.

### ❹ Café des Négociants★★

**29, rue de la Filature**
**☎ 022 300 31 30**
**www.negociants.ch**
**Lun.-ven. 12h-14h**
**et 19h-22h30.**

Depuis dix ans, ce restaurant décoré façon « vieux bistrot rénové » compte parmi

les plus courus de Carouge. Il faut dire que le plat du jour est à 19 Fr et la carte plutôt alléchante : il y a de la souris d'agneau confite, mitonnée aux légumes d'antan...

### ❺ Place du Temple★

En 1816, Carouge est incorporé au canton de Genève. La cité sarde se transforme alors en commune suisse. Premier signe de cette « helvétisation » : la mise en chantier, dès 1819, d'un temple de style néoclassique. Il est un peu trop massif à votre goût ? Jetez un œil sur la délicate fontaine qui agrémente la place ! Dessinée par Jean-Daniel Blavignac, elle porte les armoiries maçonniques de la ville.

### ❻ RUE ANCIENNE★★

Bel exemple d'un urbanisme harmonieux (même si son tracé ne suit pas le plan en damier commandé par les rois de Sardaigne), la rue Ancienne aligne, côté arcades, des façades colorées, à volets verts ou bleus. Et côté jardin, des escaliers extérieurs qui desservent les étages par un système, très caractéristique, de coursives en bois.

### ❼ Anne-Claude Virchaux★★

**13, rue Saint-Joseph**
**☎ 022 342 35 26**
**Mar.-ven. 14h-18h30,**
**sam. 10h30-12h30**
**et 14h-17h.**

Dernier arrêt : l'arcade d'Anne-Claude Virchaux ! Cette styliste originaire du Jura est une fée du métier à tisser. Elle signe de superbes modèles uniques, pour femmes, qu'elle tisse sur place, à partir de fibres naturelles (lin, soie...) et décline dans de belles teintes de son cru. C'est chaleureux, aussi doux que fluide et pas si cher, au fond : 68 Fr pour une paire de mitaines en ocre et vert. En vitrine ? De séduisants bijoux à moins de 100 Fr.

14

Pour le restaurant reportez-vous à la p. 97, quartier Au cœur des Eaux-Vives.

Voir plan détachable
D3-4

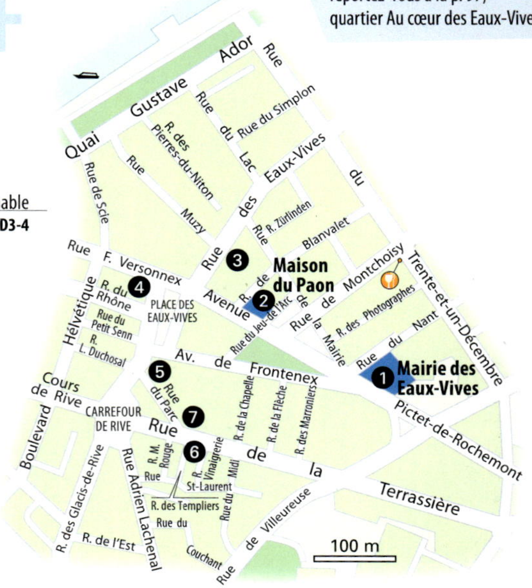


# Au cœur des Eaux-Vives

**De ce faubourg, qui fut une commune indépendante jusqu'en 1930, on ne visite bien souvent que la facette la plus cossue : le quai Gustave-Ador. Or, il existe, près de la place des Eaux-Vives, entre façades « suisses » et immeubles d'avant-garde, un ancien hameau qui a encore du cachet et une vraie vie de quartier : la Terrassière.**

## ❶ Mairie des Eaux-Vives★

**37, rue de la Mairie.**

Non, ce pittoresque édifice n'est pas le palais de Dame Tartine ! Œuvre de Léon Bovy (1906), c'est un superbe échantillon d'un style que l'on désigne sous le nom de « style national suisse » et qui connut un certain succès dès la fin du XIX^e^ s. Ses partisans puisaient dans les campagnes helvétiques des formes et des motifs traditionnels (beffrois, chalets…) pour élaborer une architecture « autochtone ».

## ❷ Maison du Paon★★

**7, avenue Pictet-de-Rochemont.**

Pour moderniser la commune, on bâtit vers 1900, le long de la nouvelle avenue Pictet-de-Rochemont, de nombreux immeubles dont le n° 7, qui constitue le meilleur exemple à Genève d'architecture Art nouveau, avec ses balcons tout en arabesques, ses fenêtres encadrées de reliefs très végétaux et ses deux paons…

## ❸ Galerie un deux trois★★★

**4, rue des Eaux-Vives**
**☎ 022 786 16 11**
**www.gal-123.com**
**Lun.-ven. 10h30-18h30, sam. 12h-16h.**

Voici une galerie pas comme les autres, où Jean-Daniel Clerc, fin connaisseur des affiches anciennes, expose (et vend) une partie de sa collection. Au total, dix mille affiches originales (1880-1980), classées : sports d'hiver à Zermatt, réclames pour Nestlé ou Maggi… Nous, on craque pour celle de la Compagnie générale de navigation sur le Léman de 1890. Et vous ?

## ❹ La Plancha★

**2, place des Eaux-Vives**
**☎ 022 735 22 50**
**www.laplancha.ch**
**Lun.-ven. 12h-14h30 et 17h-minuit, sam. 17h-minuit.**

Un restaurant bien pratique pour un déjeuner rapide dans le quartier, où l'on cuit tout… à la plancha, comme son nom l'indique assez, du filet de bar à la brochette de poulet. Bien sûr, le couteau crisse un peu sur l'ardoise mais les côtes d'agneau aux petits légumes fleurent bon le romarin. Comptez 24 Fr le plat du jour !

## ❺ Village★

**9, place des Eaux-Vives**
**☎ 022 700 70 70**
**www.village-geneve.ch**
**Lun.-mer. et ven. 9h30-19h, jeu. 9h30-20h, sam. 9h30-18h.**

Pendant longtemps, Village était une sorte d'enclave alpestre au cœur de Genève où l'on pouvait glaner de bonnes idées de déco pour donner

à son pied-à-terre un petit air de chalet. Aujourd'hui, la tendance est au design contemporain avec toutes sortes d'accessoires, du mobilier industriel, des boîtes de rangement Reisenthal (à partir de 17 Fr), de la vaisselle Mateus et des coussins… « vache métallisée ».

## ❻ 10-22, rue de la Terrassière★

Faites un crochet par le pâté compris entre les rues Maison-Rouge, Templiers, Vinaigrerie et Midi ! Vous verrez ainsi à quoi ressemblait le « bas » des Eaux-Vives jusqu'au milieu du XXe s. : un quartier modeste, avec des ateliers d'artisans et des jardins potagers. Le « haut », lui, se voulait plus bourgeois, comme en témoigne, au n° 2-4 de la rue St-Laurent, l'immeuble *Clarté* – la seule réalisation à Genève du plus célèbre des architectes suisses : Le Corbusier (1931).

## ❼ LIBRAIRIE DU CINÉMA★

Des affiches, des cartes postales, des bios d'acteurs, des bandes-son et – bonne nouvelle pour les cinéphiles ! – tous les films cultes de l'école genevoise (voir p. 30-31), réédités en DVD par les soins de la Télévision suisse romande. Ils ont même, dans un tout autre genre, la comédie de Mike Eschmann qui est n° 1 au box-office helvétique depuis 2003 : *À vos marques, prêts, Charlie !*

**9, rue de la Terrassière**
**☎ 022 736 88 88 – www.ducinema.ch**
**Lun.-ven. 9h30-19h, sam. 9h30-18h.**

15

Voir plan détachable
D2-3/E2-3

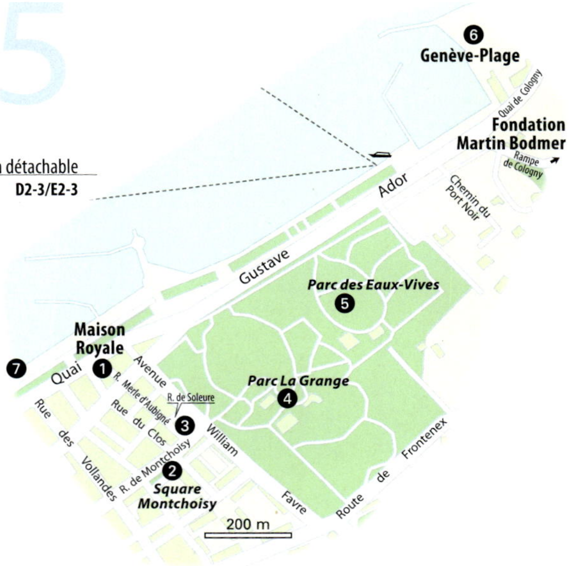


# Sur le chemin de Genève-Plage

**Un marchand de glace ? Un parfum de crème solaire ? Un minitrain ? Pas de doute : il y a quelque chose de balnéaire tout au bout du quai Gustave-Ador. C'est Genève-Plage. Avant d'y barboter, faites un crochet par la roseraie du parc La Grange, admirez les rhododendrons des Eaux-Vives et décompressez ! Ce sont les vacances…**

## ❶ Maison Royale★★

**46, quai Gustave-Ador.**
À moins d'avoir l'œil rivé sur votre cornet vanille, difficile de rater – tant il se démarque des autres – cet immeuble résidentiel bâti en 1909 par Garcin & Bizot. Sa façade, tendance Beaux-Arts, accumule balcons, pompons et colonnes avec un luxe que beaucoup de Genevois, à l'époque, ont jugé outrancier.

## ❷ Square Montchoisy★

**66-72, rue de Montchoisy.**
Vingt ans plus tard, l'architecte Maurice Braillard (1879-1965) réalisa dans le haut des Eaux-Vives un immeuble d'un tout autre style, bien plus avant-gardiste. Ce logement, qui n'est pas sans rappeler les cités-jardins de l'entre-deux-guerres à Vienne, s'inscrivait dans un vaste projet d'urbanisme, la « Grande Genève », destiné à améliorer les conditions de vie des ouvriers. Autre témoin significatif de cette période : la Maison ronde au n° 11-19, rue Charles-Giron.

### ❸ Tout simplement★

**2, rue de Soleure**
**☎ 022 736 28 28**
**Mer.-ven. 9h-16h (jusqu'à 23h aux beaux jours), sam.-dim. 9h-18h**
**Formule buffet :19 Fr.**

Après cette leçon d'archi, un break s'impose chez Anne. Non seulement l'ambiance y est très conviviale, mais en plus, la cuisine est rafraîchissante : asperges à l'orange, velouté de courgettes au basilic… Tous les week-ends, on y prépare des brunchs avec des mueslis maison, planchettes de fromages, thé vert et tonic gingembre. Génial, non ?

### ❹ Parc La Grange★★★

**Entrée par l'avenue William-Favre**
**Ouv. t. l. j. du lever au coucher du soleil**
**En été théâtre à l'orangerie (www.lorangerie.biz) et concerts.**
**Voir « Zoom sur » p. 80.**

Imaginez les ruines d'une villa romaine du Ier s. apr. J.-C. où aurait vécu un dénommé Titus Riccius Fronto. Plus bas, une pergola d'où le regard embrasse une exquise roseraie. Entre les deux, une prairie qui monte en pente douce vers une demeure du XVIIIe s. en ménageant de superbes échappées sur le lac et le Jet d'eau… Ce havre de paix existe : c'est le plus beau parc de Genève !

### ❺ Parc des Eaux-Vives★

**82, quai Gustave-Ador (accès possible par le parc La Grange)**
**www.parcdeseauxvives.ch**

Autre parc public : la villégiature de l'ingénieur Louis Favre (1826-1879), responsable du percement du tunnel du Saint-Gothard. Planté lui aussi d'arbres centenaires, il se distingue par son petit chalet suisse provenant de l'Expo nationale de 1896, ses portails monumentaux signés… Garcin & Bizot et ses sept chambres et suites, aménagées dans les combles de la maison de maître, au-dessus du restaurant gastronomique (☎ 022 849 75 75, menu à 49 Fr, chambre autour de 400 Fr). Pour profiter du calme de la rade au petit matin…

### ❻ Genève-Plage★

**Quai de Cologny**
**☎ 022 736 24 82**
**www.geneve-plage.ch**
**De mi-mai à mi-sept., t. l. j. 10h-20h.**

Ce complexe balnéaire, qui a vu le jour en 1932, a un gros atout : son bassin olympique chauffé, dans lequel on peut enchaîner les longueurs – car c'est bien connu : la brasse fait de belles cuisses et le crawl raffermit le dos. Mais il y a d'autres activités possibles, pour petits et grands : volley, ping-pong, ski nautique, planche à voile, toboggan…

### ❼ LE TRANS EAUX-VIVIENS★

C'est ainsi que s'appelle le minitrain électro-solaire qui, depuis 16 ans, fait la navette toutes les 45 min le long de la rive gauche de la rade, entre le Jardin anglais et le parc des Eaux-Vives via le Jet d'eau, Baby Plage et le Port-Noir. Prenez-le ! C'est rigolo, silencieux et surtout respectueux de l'environnement (émission de $CO_2 = 0$).

**33, quai Gustave-Ador**
**☎ 022 310 53 00 ou ☎ 022 735 43 00**
**Hiver : t. l. j. 13h15-17h ; juil.-août : t. l. j. 10h15-20h45 – Tarif : 8 Fr l'aller-retour adulte, 5,60 Fr enfant.**

16

# Hermance,
## un si joli village

**Que diriez-vous d'une petite escapade dans le canton ? Il existe à 14 km de Genève, sur la rive sud du Léman, un bourg médiéval qui a tout pour séduire : une adorable auberge, un quai léché par l'azur du lac et plein de recoins très photogéniques. Ici, un caveau de vigneron avec son heurtoir de porte et sa fenêtre à accolade. Là, un tas de bois sec adossé à une maison de la rue du Couchant…**

### ❶ La tour★

**Accès par le n° 15, rue du Couchant.**

Commençons par le gros donjon en molasse qui domine la colline ! Ultime vestige du château que les seigneurs de Faucigny avaient bâti au XIII^e^ s. pour assurer la défense d'Hermance, il a connu bien des tourments (c'est peu de le dire) : pris par Édouard de Savoie en 1332, restitué aux Faucigny, repris par la Savoie, occupé par les Bernois, rendu à la Savoie, il fut pillé par l'armée française en 1589 !

### ❷ Le Mestral★

**11, rue du Bourg-Dessus.**

Mais l'histoire ne s'arrête pas là : la seigneurie d'Hermance qui, à la fin du Moyen Âge, siégeait, semble-t-il, dans cette solide maison fortifiée, fut promue au rang de baronnie en 1596 et de marquisat en 1714, avant d'être abolie par la Révolution française puis annexée au canton de Genève en 1816. Voilà : vous savez tout !

## ❸ Église Saint-Georges★

**Rue du Bourg-Dessus.**

On a beau jouer les blasés, cette modeste église de campagne, avec son cimetière et son clocher à bulbe surmonté d'un clocheton, est l'une des plus adorables du canton. Elle a été édifiée vers la fin du XIII$^{e}$ s. pour Béatrice de Faucigny et reconstruite en 1679. À voir à l'intérieur : les fonts baptismaux, le crucifix et le tabernacle.

## ❹ Margareth Büchi★★

**18, rue Centrale**
**☎ 022 751 17 67**
**www.alartisan.com**
**Mer.-ven. et dim. 14h-18h, sam. 10h-18h.**

Vous trouverez chez Margareth des fourchettes à fondue en étain gravé de l'Appenzell, des caquelons de Rheinfelden et de superbes tableautins en papier découpé par Nelly Naef : bref, du *vrai* artisanat suisse dont l'excellente facture a peu de chose en commun avec les tee-shirts au Jet d'eau et autres babioles folklorisantes dont se repaissent certaines boutiques de souvenirs. En prime, une petite boutique d'art naïf (Betsy Ross Koller).

## ❺ Ruelle des Galeries★★

C'est la rue la plus typique du Bourg-d'en-Bas. Non seulement ses maisons datent toutes du XVI$^{e}$ s. mais elles sont dotées, pour certaines (n° 11-15), d'un escalier extérieur en pierre, caractéristique de l'architecture locale. Quant à l'encadrement des fenêtres et des portes, il est… gothique.

## ❻ Le Quai★★

On conseille vivement aux rêveurs et aux contemplatifs de revenir hors saison. C'est lorsqu'il est désert, en effet, qu'ils apprécieront au mieux ce qui fait la magie du Quai : la vue sur le lac et les crêtes bleutées du Jura. Cela dit, le manoir XVIII$^{e}$ s. au n° 2, avec la passerelle qui le relie à un jardin en terrasse, n'est pas mal non plus !

## ❼ Auberge d'Hermance★★

**12, rue du Midi**
**☎ 022 751 13 68**
**www.hotel-hermance.ch**
**T. l. j. 12h-14h et 19h-21h45.**

Vous pouvez la lire et la relire dans tous les sens : il n'y a aucune faute de goût sur la carte de Franz Wehren ! Ses asperges blanches en vinaigrette et queues de langoustines poêlées sont un délice et ses ravioles de chèvre frais sur bouillon de cresson un petit miracle. Il vous faudra juste choisir entre le jardin d'hiver et la terrasse. P.-S. : les six chambres à l'étage sont tout aussi soignées et chaleureuses (de 280 à 450 Fr la nuit).

### COMMENT VOUS RENDRE À HERMANCE ?

- En voiture : sortir de Genève par le quai Gustave-Ador et emprunter, à Vésenaz, la route d'Hermance.
- En car (30 min) : ligne E au départ de Rive, toutes les 20 min (le dimanche, un bus par heure)
- En bateau : la liaison est assurée, d'avril à octobre, par la CGN depuis le Jardin anglais ou le quai du Mont-Blanc.

# Musée
## d'Art et d'Histoire

**Il y aurait beaucoup à dire sur le monumental MAH – édifié entre 1904 et 1910 par Marc Camoletti grâce aux largesses d'un agent de change philanthrope, Charles Galland – et sur les trésors dont regorgent ses réserves ! En attendant, voici quelques-uns de ses plus beaux fleurons.**

### Retable de St-Pierre

Peint en 1444 pour la cathédrale Saint-Pierre (p. 43), le retable en sapin rouge de la salle 101 est une œuvre d'exception : non seulement il a survécu à la destruction des images commise par la Réforme le 8 août 1535, mais son volet gauche constitue le premier exemple, dans la peinture européenne, d'un paysage *exact* occupant une place essentielle à l'intérieur d'une scène biblique. En l'occurrence, la *Pêche miraculeuse*. Son auteur, le Bâlois Konrad Witz, a en effet décrit d'une manière très fidèle – autour de la figure du Christ et des apôtres relevant leurs filets – la rade de Genève…

### Le peintre turc

Salles 405 et 406 : Jean-Étienne Liotard (1702-1789), que l'on surnommait « le peintre turc » parce qu'il avait passé cinq ans de sa vie à Constantinople, est le plus célèbre portraitiste de l'école genevoise. Le musée possède 87 tableaux, dont 38 pastels exécutés avec une précision quasi photographique et une objectivité redoutable : Liotard, en effet, se refusait à flatter son modèle, qu'il fût aristocrate ou petit bourgeois, gamin de la rue ou grand vizir, ce qui lui valut parfois quelques critiques, celles de la marquise de Pompadour notamment.

### La montagne

Les salles 407 et 409 accordent une place de choix à un thème qui a fait la notoriété des romantiques genevois : le paysage alpestre (p. 16). Figurent parmi les meilleurs interprètes du genre : Pierre-Louis de la Rive *(Le Mont Blanc vu de Sallanches au coucher du soleil)*, Wolfgang Adam Toepffer *(La Chaîne du Mont-Blanc)*, François Diday *(Le Wetterhorn)* et Alexandre Calame (*Le Mont Rose,* 1844).

Le Lac de Thoune *par Ferdinand Hodler.*

## Ferdinand Hodler

Il paraît qu'Apollinaire le trouvait tout juste bon à peindre des fresques pour brasseries munichoises ! C'était bien mal connaître l'œuvre, mi-symboliste, mi-expressionniste, du Bernois Ferdinand Hodler (1853-1918), figure majeure de l'art suisse au tournant du XXe s., et la fascinante série de paysages qu'il avait composés à Genève où il s'était rendu à l'âge de 19 ans dans le but de copier les Calame du musée. Aujourd'hui exposées dans la salle 412, ces toiles structurées par des lignes parallèles représentent la *Rade vue depuis le quai des Pâquis avec le Salève au fond,* un sujet qu'il reprit à la fin de sa vie avec, cette fois, des cygnes au premier plan.

## Salles de Zizers

Pour étoffer ses collections helvétiques (et affirmer l'appartenance de Genève à la Suisse), le musée fit l'acquisition, vers 1898, des décors intérieurs d'un château situé dans le canton des Grisons : l'Untere Schloss de Zizers, édifié en 1670-1683 par l'officier Rudolf von Salis. Voyez la salle ovale (no 205), avec sa « galerie des musiciens », les chambres 305-306 lambrissées de frêne ainsi que le poêle en faïence émaillée, dû aux plus illustres potiers de Winterthur, les Pfau.

## Salon de Cartigny

Le mobilier de la salle 209 n'est pas d'origine, mais les boiseries crème, à trophées, rinceaux de fleurs et instruments de musique, ont été réalisées dans le plus pur style Louis XVI, par Jean Jaquet (p. 79) pour le château de Cartigny, qui était alors propriété de Jacob David Duval, joaillier à la cour de Russie. Ce décor, remonté au musée en 1908, vous donnera une idée de l'art de vivre dans la campagne genevoise au XIXe s.

### COORDONNÉES

Voir p. 49
2, rue Charles-Galland (C4)
Ligne 36, arrêt Saint-Antoine
☎ 022 418 26 00
www.ville-ge.ch/mah
Mar.-dim. 10h-18h
Accès libre (sf pour les expositions temporaires).

# Musée Ariana

**Ce musée dédié aux arts du feu fut fondé par l'éminent mécène et grand amateur d'art Gustave Revilliod (1817-1890). C'est lui qui le baptisa « Ariana » en hommage à sa mère, Ariane de la Rive, et qui le légua à la Ville, en même temps que ses très précieuses collections.**

## Un palais

Des ailes disposées de part et d'autre d'un somptueux hall de forme ovale, des colonnes torses à souhait et des plafonds peints de scènes mythologiques... : manifestement, les architectes qui ont bâti l'Ariana entre 1877 et 1884 se sont davantage inspirés des palais de l'Italie baroque que des autres musées de la cité de Calvin.

## Céramique suisse

Au premier étage, les salles 9 à 12 sont consacrées aux différentes manufactures établies sur le territoire suisse : les porcelaines de Nyon et de Schooren y côtoient la faïence fine de Carouge (p. 27) et les sucriers dorés du Genevois Jean-Pierre Mulhauser (1779-1839). Les pièces les plus remarquables, par leurs dimensions et la riche polychromie de leurs catelles (carreaux), restent les poêles de Winterthur : réalisés entre le XVI$^{e}$ et le XVIII$^{e}$ s. par deux dynasties de potiers, les Pfau et les Graf, ils constituent la plus belle contribution de la Suisse à la céramique européenne.

## Verres du Nord

Certes, les artisans du nord des Alpes (Allemagne, Bohême, Suisse...) n'avaient pas la virtuosité des Vénitiens qui étaient maîtres dans l'art du verre soufflé, filigrané ou gravé à la roue. Il faut dire qu'à défaut de soude, ils utilisaient un fondant peu malléable : la potasse. Pourtant, leur production ne manque pas de charme, si l'on en juge par les gobelets, flacons à liqueur et autres verres dits « Flühli », peints de motifs naïfs entre 1700 et 1870 (salle 3, vitrine 3).

### COORDONNÉES

Voir p. 65
10, avenue de la Paix
(HP par C1)
Lignes 5, 8 ou 15,
arrêt Nations
☎ 022 418 54 50
www.ville-ge.ch/ariana
Mar.-dim. 10h-18h
Accès libre sauf
exposition (5 Fr).

# Fondation Baur

**Bol noir de la province de Fujian ou grès céladon à taches brunes de la dynastie Yuan, les pièces acquises par le collectionneur Alfred Baur ont toutes le même point commun : ce sont des œuvres parfaites, d'un extrême raffinement, qui allient pureté de lignes, sobriété du décor et grande maîtrise technique.**

## Jades

Symbole de pureté, le jade était très apprécié, en Chine, pour ses vertus magiques, ses qualités tactiles et son coloris qui varie selon qu'il contient du fer (vert), du chrome (émeraude) ou du manganèse (gris). Les meilleurs tailleurs tiraient parti de ces subtilités, comme en témoigne la corbeille de la vitrine 23 (salle 5), dont l'anse est ornée de délicats coléoptères.

## Porcelaines

C'est par l'entremise de l'expert et marchand japonais Kumasaku Tomita que Baur a pu réunir un ensemble sublissime de porcelaines monochromes chinoises (salle 7) datant de l'époque Qing (1644-1911), comme les grands vases à long col sang-de-bœuf ou les « pétales de lotus » dont la tonalité peau-de-pêche, obtenue à l'aide d'oxyde de cuivre, a été inventée sous le règne de Kangxi (1662-1722).

## Laques

Ils vous attendent au 2e étage. Au total : 142 écritoires, récipients à thé, boîtes à encens et 419 *inrô* (boîtes à médicaments portés à la ceinture), exécutés avec finesse et poésie par des laqueurs japonais passés maîtres dans l'art de saupoudrer les fonds de fines paillettes d'or et de les polir comme un miroir, pour créer des décors aériens tout en nuances : fougères et trèfles d'eau, vols de grues, bancs de brume, gouttes de rosée...

### COORDONNÉES

Voir p. 49
8, rue Munier-Romilly (C4/D4)
Ligne 36, arrêt Église-Russe
☎ 022 704 32 82
www.fondationbaur.ch
Mar.-dim. 14h-18h
Entrée plein tarif : 10 Fr.

# Villa Bartholoni

**Elle porte le nom du premier propriétaire, Jean-François Bartholoni (1796-1881), un dynamique banquier, né à Genève au sein d'une famille originaire de Toscane, qui fit carrière à Paris mais sut garder des liens étroits avec sa ville natale (il est aussi le fondateur du conservatoire de musique).**

## L'extérieur

Vers 1825, Bartholoni chargea l'architecte français Félix-Emmanuel Callet de dessiner les plans d'une villa qu'il voulait bâtir sur les rives du Léman. Callet conçut un simple bloc précédé, côté lac, d'un avant-corps résolument italianisant – on pense à quelque élégante demeure des environs de Gênes ou de Turin – dont les proportions très harmonieuses n'ont pas manqué de faire des émules parmi les architectes suisses (celui, notamment, du musée Rietberg à Zurich).

## Le décor

Mais ce n'est pas tout : Callet fit venir à Genève une vingtaine de peintres et stucateurs italiens pour réaliser au rez-de-chaussée et dans la loggia du premier étage un décor à la façon des maisons pompéiennes, des loges du Vatican et autres monuments qu'il avait étudiés à Rome. Le résultat, somptueux, séduit par la fraîcheur des coloris, la finesse d'exécution et la variété des ornements : volutes, petits génies, méandres, guirlandes de fruits, monstres marins...

## La collection

Depuis 1964 sont exposés dans la villa Bartholoni, entre autres instruments anciens, les appareils que le physicien Horace Bénédict de Saussure expérimenta lors de son ascension du mont Blanc en 1787. Ces objets sont un peu compliqués mais leur conservateur organise des expositions, des ateliers, des cafés scientifiques ainsi qu'une instructive nuit de la Science.

## COORDONNÉES

Voir p. 64
Musée d'Histoire des sciences
128, rue de Lausanne
(HP par C1)
Ligne 1, arrêt Sécheron
☎ 022 418 50 60
www.ville-ge.ch/mhs
Mer.-lun. 10h-17h.
Accès libre
Café scientifique le dernier lun. du mois à 18h30
Buvette : mer.-lun. 11h-19h.

# Maison Tavel

**On sait que cette maison fut reconstruite par une famille de la noblesse, les Tavel, au lendemain de l'incendie de 1334 qui ravagea une bonne partie de la ville haute. Aujourd'hui classée Monument historique, elle permet de suivre les transformations de la Cité et offre un bel aperçu des richesses que des générations d'artisans ont léguées aux Genevois. Prévoyez deux bonnes heures pour la visiter !**

### Boiseries et indiennes

Parmi les trésors les plus marquants de l'artisanat local, on retiendra surtout : les indiennes (p. 26) provenant des manufactures Fazy, Henry ou Roch & Cie, les portes d'entrée en chêne, ornées d'un heurtoir en fer forgé, et les boiseries en tilleul, délicatement sculptées par Jean Jaquet (1754-1839), qui décoraient moult maisons de maître dans la ville haute et la campagne environnante.

### La mère Royaume

Une salle vous dira tout sur la fameuse nuit du 12 décembre 1602 durant laquelle Madame Royaume, entendant des cris de combat sous sa fenêtre, saisit une marmite de fer remplie de soupe et la lança sur la tête d'un soldat de l'armée savoyarde, ce qui eut pour effet de le mettre sitôt hors de combat. Un geste héroïque qui contribua à sauvegarder l'indépendance de Genève…

### Le relief Magnin

C'est ainsi que l'on appelle l'incroyable relief en zinc et cuivre qui fut présenté pour la première fois à l'Expo nationale suisse de 1896 et qui occupe aujourd'hui les combles de la maison Tavel. Cette maquette, qu'Auguste Magnin (1841-1903) mit seize ans à réaliser, nous montre la cité de Genève avant 1850, à l'époque où celle-ci était encore enclose dans ses bastions et ses remparts.

### COORDONNÉES

Voir p. 43
En cours de réaménagement jusqu'en 2013
6, rue du Puits-Saint-Pierre (C4)
Ligne 36, arrêt Hôtel-de-Ville
☎ 022 418 37 00
www.ville-ge.ch/mah
Mar.-dim. 10h-18h
Accès libre (sauf pour les expositions temporaires).

# Parc La Grange

**Ce vaste domaine que Victor-William Favre a légué à la Ville en 1917 (à la condition expresse qu'on laissât le parc ouvert au public) constitue, avec son élégante maison de maître et ses dépendances, son orangerie et sa roseraie, un remarquable ensemble paysager.**

## La maison de maître

Elle arbore sur ses façades deux monogrammes. Les « L » entrelacés évoquent les frères Marc et Jean Lullin, qui l'édifièrent entre 1768 et 1773. Les lettres « FC », côté lac, sont les initiales des propriétaires suivants : les Favre-Cayla, qui donnèrent à la maison un éclat particulier en y accueillant l'élite politique et intellectuelle du XIXe s. (le banquier Eynard, le botaniste Pyrame de Candolle...).

## Le parc

Les Lullin avaient aménagé un jardin à la française. Les Favre, plus sensibles aux charmes des parcs à l'anglaise, l'agrémentèrent d'espèces locales, d'essences importées (cèdre bleu, sophora du Japon...) et d'une rocaille alpestre. Ils conçurent aussi, en 1856, l'orangerie, ce théâtre d'été où se sont produits, entre autres, Gérard Philipe, Jeanne Moreau et Rudolf Noureev. La scène Ella-Fitzgerald a été installée en 1996.

## La roseraie

Ici des grimpants, là des pleureurs, ailleurs des hybrides de thé : dessinée par le paysagiste Armand Auberson et inaugurée en 1946, la roseraie compte aujourd'hui douze mille pieds dûment étiquetés et judicieusement répartis, selon un plan octogonal, en plus de deux cents variétés différentes. Prenez le temps de les humer ! Tendres ou écarlates, carmin ou saumonées, elles sont un véritable enchantement...

### COORDONNÉES

Voir p. 71
Entrée par l'avenue William-Favre (E3)
Lignes 2 ou 6, arrêt Merle-d'Aubigné
Ouv. t. l. j. du lever au coucher du soleil (fermeture annoncée par une cloche)
En été : théâtre à l'orangerie (☎ 022 700 93 63, www.lorangerie.biz) et concerts (gratuits mer. et ven. soir) sur la scène Ella-Fitzgerald.

# Patek Philippe Museum

**Ce merveilleux musée, que l'on visite d'un pas feutré et… dans le sens des aiguilles d'une montre, en commençant de préférence par la bibliothèque du troisième étage, illustre le génie technique et la virtuosité esthétique de l'horlogerie genevoise. Morand, Jaquet-Droz, Leschot, Piguet, Patek Philippe… : les meilleures signatures sont là, exposées dans des vitrines habillées de bois rares. Un régal !**

### Le deuxième étage

Vous y verrez de superbes garde-temps des XVI$^{e}$-XIX$^{e}$ s. : rarissimes comme le très ancien « tambour » allemand de 1540 ou extravagants, comme les tic-tac de fantaisie des années 1800 qui ont l'aspect d'un face-à-main, d'une cerise ou d'un insecte. Arrêtez-vous aussi devant les montres émaillées destinées au marché turc : ornées de délicats paysages du Bosphore, certaines donnent l'heure occidentale d'un côté, l'heure musulmane de l'autre. Elles ont été conçues, pour bon nombre d'entre elles, par des horlogers genevois installés depuis la fin du XVII$^{e}$ s. à Istanbul – cette colonie comptait parmi ses membres Isaac Rousseau (le père de Jean-Jacques) qui avait pour fonction de régler les pendules du palais de Topkapi…

### Le premier étage

Il accueille les joyaux de la manufacture Patek Philippe, depuis sa fondation jusqu'à nos jours. Plusieurs pièces sont très séduisantes, telle la montre « scarabée-rhinocéros et fleurs trompettes » décorée dans le plus pur style Art nouveau pour Lalique (vitrine n° 49) ou la montre-bracelet de 1955 sur laquelle figure la carte de l'Europe. Mais la création la plus complexe reste la fameuse Calibre 89 en or : composée de 1 728 roues, pignons et ressorts microscopiques, elle indique les heures du coucher du soleil, la date de Pâques, l'année bissextile et la position de… 2 800 étoiles dans l'hémisphère Nord !

### COORDONNÉES

Voir p. 57
7, rue des Vieux-Grenadiers (B4)
Ligne 1, arrêt École-de-Médecine
☎ 022 807 09 10
www.patekmuseum.com
Mar.-ven. 14h-18h, sam. 10h-18h
Visites guidées : sam. à 14h (durée : 2h)
Entrée plein tarif : 10 Fr.

# Le MICR

**Sa première pierre a été posée en 1985 par Raïssa Gorbatchev et Nancy Reagan. Depuis, le musée international de la Croix-Rouge et du Croissant-Rouge accueille en moyenne cent mille visiteurs par an. Tous sont invités à méditer une phrase de Dostoïevski : « Chacun est responsable de tout devant tous », et à regarder avec le cœur. Rares sont ceux qui en ressortent comme ils sont entrés…**

## Le musée

Jusqu'en 2011, c'était par une étroite tranchée en béton que l'on accédait au bâtiment en partie enfoui dans les entrailles de la butte, conformément aux plans de son auteur, le Zurichois Pierre Zoelly, qui a toujours nourri un vif intérêt pour les constructions souterraines (terractectures). À partir du printemps 2013, le MICR accueillera les visiteurs dans un cadre entièrement remanié par des architectes originaires du Brésil (Gringo Cardia), du Burkina Faso (Diébédo Francis Kéré) et du Japon (Shigeru Ban).

## Le passé

De nombreux films d'archives et photos rendront hommage à celles et ceux qui se sont engagé(e)s au service de l'humanité, comme l'homme d'affaires genevois Henri Dunant, qui a improvisé des secours sur le champ de bataille de Solferino en 1859 et fondé, quatre ans plus tard, la Croix-Rouge (p. 14). Un nouvel espace permettra de mieux valoriser des documents particulièrement émouvants : les millions de fiches des prisonniers de la guerre 1914-1918.

## Le présent

Des Philippines à la Côte-d'Ivoire, les volontaires de la Croix-Rouge sont sur tous les fronts : ils se mobilisent pour combattre la méningite, aider les sans-abri et les enfants des rues, les victimes de mines antipersonnelles et des catastrophes naturelles. Le 3e espace thématique donnera un petit aperçu de leurs interventions sur le terrain.

### COORDONNÉES

Voir p. 65
17, avenue de la Paix
(HP par C1)
Ligne 8, arrêt Appia
☎ 022 748 95 25
www.micr.org
Fermé pour travaux, révouverture prévue au printemps 2013.

# Cathédrale
# Saint-Pierre

**Catholique jusqu'en 1535, cette cathédrale a connu, avec la Réforme, une transformation radicale : ses meubles et tableaux – dont le célèbre retable de Konrad Witz – ont été dispersés ; ses décors peints ont disparu sous un badigeon. Pourtant, derrière son portique inspiré du Panthéon de Rome, brille encore tout le savoir-faire des bâtisseurs des XIIe et XIIIe s...**

### Les chapiteaux

L'intérieur de la cathédrale se distingue d'abord par ses chapiteaux que des sculpteurs anonymes ont taillés dans la molasse avec une indéniable virtuosité, entre 1160 (pour les plus anciens) et le XVe s. (pour les plus récents). Leur décor symbolise grosso modo le combat victorieux de la Foi contre les puissances du Mal. Certains chapiteaux, cependant, semblent échapper au programme imposé par le clergé : on y voit des sirènes, des harpies, des chimères...

### Stalles et vitraux

Sur la double rangée de stalles en noyer qui s'adosse au bas-côté droit figurent aussi de petits animaux fantastiques. Mais là, les personnages principaux sont les prophètes et les apôtres : les premiers déroulent des versets de la Bible en lettres d'or, les seconds des passages du *Credo*.
On s'attardera également sur les vitraux même s'ils ne sont, pour la plupart, que des copies du XIXe s. (les originaux sont exposés salle 212 du musée d'Art et d'Histoire).

### La chapelle des Macchabées

Édifiée au tout début du XVe s. à l'initiative du cardinal Jean de Brogny qui voulait y être inhumé, cette chapelle funéraire constitue le premier exemple du gothique flamboyant à Genève. Par ses formes, elle rappelle assez l'église des Célestins à Avignon. De petits anges musiciens décoraient, à l'origine, les voûtes du chœur. Cette fresque, attribuée à un peintre de cour turinois (Giacomo Jaquerio), est aujourd'hui conservée au musée d'Art et d'Histoire.

### COORDONNÉES

Voir p. 43
Cour Saint-Pierre (C4)
Ligne 36, arrêt Cathédrale
www.espace-saint-pierre.ch
Juin-sept. : lun.-sam. 9h30-18h30, dim. 12h-18h30 ; oct.-mai : lun.-sam.10h-17h30, dim. 12h-17h30
Accès libre (sauf tours nord et sud : 4 Fr)
En été, le sam. à 18h, concerts d'orgue (www.concerts-cathedrale.ch).

# Musée Barbier-Mueller

**En 1908, à l'époque où la plupart des Occidentaux ne voyaient dans l'« art nègre » que fétiches de sauvages, Josef Mueller de Soleure eut l'idée de constituer une collection d'œuvres « primitives ». Depuis le début des années 1950, son gendre, Jean-Paul Barbier, s'emploie à compléter et à diversifier ce fonds, aujourd'hui riche de sept mille pièces.**

## L'Afrique noire

Désormais, la section africaine du musée comprend de multiples statuettes votives et figures d'ancêtres, des pendentifs anthropomorphes et des têtes-reliquaires – autant d'objets, souvent émouvants, dont l'exceptionnelle qualité esthétique ne doit pas nous faire oublier la fonction première : marquer un rite initiatique, rappeler une lignée, légitimer un pouvoir politique ou éloigner les forces invisibles qui guettent fermiers et pêcheurs…

## La Mélanésie

La collection consacrée à l'art de l'Océanie met surtout l'accent sur les œuvres des peuples mélanésiens, notamment de Nouvelle-Guinée (le détroit de Torres, la région Asmat, les rives du Sepik, etc.). Parmi les pièces les plus remarquables, mentionnons : le masque en bois, à cheveux humains et yeux de nacre, utilisé pour s'assurer une bonne récolte de prunes sauvages, et le masque en noix de coco, fibre et rotin, destiné à effrayer les non-initiés.

## L'Asie du Sud-Est

C'est un autre volet très important du musée Barbier-Mueller qui a acquis au fil des ans et avec la collaboration d'antiquaires de renom une cinquantaine d'objets provenant, pour la plupart, de l'Insulinde (autrement dit, des îles de Bornéo, Java, Sumatra…) : vous y verrez de rares mégalithes, de superbes bijoux et des œuvres en bronze qui trahissent l'influence de la civilisation de Dông Son.

## COORDONNÉES

Voir p. 45
10, rue Jean-Calvin (C4)
Ligne 36, arrêt Cathédrale
☎ 022 312 02 70
www.barbier-mueller.ch
T. l. j. 11h-17h
Entrée plein tarif : 8 Fr.

# Musée d'Ethnographie

**Le MEG fait peau neuve ! À l'étroit dans ses murs (une vieille école primaire), il s'agrandit pour mieux valoriser ses superbes collections. Tant mieux ! Car c'est un musée ultradynamique – il organise des parcours commentés, des spectacles de danse, des ateliers d'ethnomusicologie… – et engagé : il s'est donné pour mission d'éveiller aux cultures des autres et de jeter des passerelles entre le Nord et le Sud. Un défi qui témoigne de l'ouverture de Genève sur le monde extérieur.**

### 72 000 objets !

Sa richesse s'explique par la présence, aux quatre coins du globe, de très nombreux Genevois : aventuriers, explorateurs, marchands, fonctionnaires en poste dans les colonies françaises, anglaises ou hollandaises, mais aussi missionnaires protestants partis évangéliser l'Afrique subsaharienne. Ainsi, chez les coupeurs de têtes de Bornéo (1890), Maurice Bedot a-t-il collecté des armes et des instruments de musique. De son séjour au Gabon (1913-1932), Fernand Grébert a pu rapporter mille cinq cents dessins sur la culture fang…

### Du Grand Nord…

Et c'est grâce à un banquier à la retraite, Georges Barbey, que s'est enrichie la section consacrée aux cultures du Grand Nord. À son retour d'Alaska (1956), il a fait don au musée du totem de l'oiseau-tonnerre, sculpté dans un tronc de cèdre par un chef indien, et d'un objet propitiatoire que les esquimaux Malemut utilisaient lors de la pêche à la baleine. Le MEG conserve aussi un précieux masque en bois peint, pourvu d'un anneau de nez en cuivre, découvert en 1876 chez les Tlingits.

### … à l'Océanie

La collection océanienne, remarquable par sa diversité, comprend des figures de proue des îles Salomon, des pagaies de cérémonie et des haches de parade, divers ornements maoris (Nouvelle-Zélande) et des masques en vannerie que l'on accrochait jadis à l'entrée des maisons (Nouvelle-Guinée), des étoffes végétales des îles Fidji et une série de bambous gravés évoquant la vie traditionnelle kanake. Ces objets seront de nouveau visibles, au gré des expositions temporaires, dès juin 2014.

### COORDONNÉES

Voir p. 57
65, bd Carl-Vogt (B4)
Ligne 2, arrêt Musée d'Ethnographie
☎ 022 418 45 50
www.ville-ge.ch/meg
Réouverture : oct. 2014.

# Séjourner **mode d'emploi**

## Hôtels

Casanova, qui fut voyageur autant que libertin, raconte dans ses *Mémoires* qu'il « s'est trouvé très bien logé à Genève ». C'était en août 1760 : il était descendu aux Balances. Depuis, la cité du Jet d'eau compte 132 hôtels dont 16 en catégorie « 5 étoiles », bénéficiant d'une vue sur le Rhône ou la rade. Qu'ils soient propriétés de la Ville, comme le Métropole, ou de la même famille depuis quatre générations (Beau-Rivage), tous cultivent l'art de recevoir : le touriste anonyme y est traité avec les mêmes égards que l'hôte le plus illustre, la propreté est méticuleuse et le personnel stylé. Bien sûr, les établissements les plus chics sont dotés de tous les équipements dernier cri mais plusieurs trois étoiles se distinguent aussi par leur excellent confort. C'est le cas du Kipling, l'un des derniers-nés de la chaîne suisse Manotel (voir p. 89). Il existe enfin, pour celles et ceux qui voudraient dormir au vert, quelques nids douillets aux alentours de Genève, comme la Réserve, l'Auberge d'Hermance (p. 73), des chambres d'hôtes et

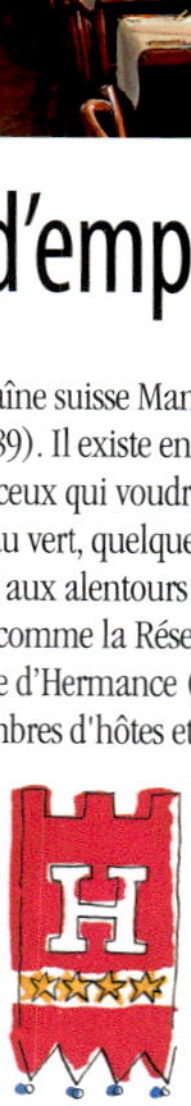

plusieurs fermes pratiquant le *bed & breakfast*. Sauf mention contraire, les prix indiqués dans notre sélection (p. 88-91) sont ceux d'une chambre double standard, en basse et haute saison, petit déjeuner inclus. Elle comprend : des établissements petit budget mais sympathiques à moins de 170 Fr la double (pour les moins chères, douches et WC sont parfois sur le palier), des hôtels tout confort, au charme ancien ou au design contemporain (entre 170 et 280 Fr/nuit la double), des chambres d'hôtes en ville ou à la campagne (la plupart entre 100 et 150 Fr la double), et quelques adresses « chic » (plus de 280 Fr), pour un week-end de rêve à Genève.

### Réservations

Genève étant une ville de congrès, de foires et de séminaires, il est fortement recommandé de réserver longtemps à l'avance. Les hôtels sont souvent complets durant le Salon de l'automobile (mars) et la « foire de Genève » (habitat & art de vivre, en nov.). Vous pouvez prendre contact avec l'établissement de votre choix ou passer par les services de Genève Tourisme.

Réservations :
☎ 022 909 70 20
Ⓕ 022 909 70 21
www.geneve-tourisme.ch
e-mail : reservation@geneve-tourisme.ch

### Tarifs

C'est vrai : l'hôtellerie suisse est chère mais la *Geneva Transport Card* est toujours comprise dans le prix (p. 36) et les hôteliers consentent des rabais significatifs durant les périodes où la clientèle d'affaires se fait plus rare (en juil.-août et de déc. à fév.). Utilisez les agences de réservation en ligne (www.booking.com, www.hotels.com ou www.lastminute.com) pour bénéficier des meilleurs prix. Surtout, consultez les offres des hôtels sur leur site Internet. Sinon, Genève Tourisme propose des formules week-end avantageuses : 158 Fr pour deux personnes pour une nuit en chambre double, avec bain ou douche, dans un hôtel 3 étoiles, 226 Fr en 4 étoiles, taxes de séjour, carte de transport et petit déjeuner compris. Dans tous les cas, la réservation, garantie par carte de crédit, doit être prise au plus tard le jeudi avant 15h.

### OÙ MANGER…

**Après 22h ?**
Au Comptoir (p. 94), au Café du Grütli (p. 96), à la Potinière (Jardin anglais, p. 53), à la Bohème (p. 133), au Lawrence d'Arabie (p. 133), à l'Auberge de Coutance (p. 93), aux Halles de l'île (p. 97).
**Le dimanche ?**
Aux bains des Pâquis (p. 63), chez Ô Calme (jusqu'à 18h – p. 97), Chez ma Cousine (p. 93), au Café Art's (le soir – p. 133), au Café du Parc des Bastions (p. 98), chez Saveurs et Couleurs (p. 60), aux Halles de l'île (p. 97), à l'Auberge de Dardagny (504, route du Mandement)…

## Restaurants

Genève, que l'on tient souvent pour *la* capitale culinaire de la Suisse, possède, parmi ses 1 100 restaurants, de très bonnes tables : les critiques gastronomiques y ont gratifié d'étoiles ou de toques pas moins de 11 établissements, ce qui est considérable vu le nombre d'habitants ! Du Domaine de Châteauvieux (Peney-Dessus, Satigny, HP par A3, ☎ 022 753 15 11) à l'Auberge du Lion d'Or de Cologny (5, place Pierre-Gautier, HP par F2, ☎ 022 736 44 32) en passant par le parc des Eaux-Vives (voir p. 71), les gourmets n'auront donc que l'embarras du choix. Leur carte, festival d'effluves et de saveurs, est d'inspiration française et parfois marquée, comme au Portobello (p. 94), par l'esprit Bernard Loiseau. Les spécialités genevoises, que l'on peut commander aussi bien en brasserie que dans les auberges de campagne, s'apparentent plus aux mets de la région lyonnaise qu'à ceux de la Suisse centrale : pas de rösti de l'Oberland ni de *spätzli* zurichois ici, mais des poissons comme l'omble, la féra ou la perche, des cardons (p. 119) et des longeoles à déguster avec un vin du cru.

### Particularités locales

Il faut dire un mot, bien sûr, de la fondue. Vénérable institution qui s'entoure en Suisse d'un rituel presque aussi réglé que la cérémonie du thé au Japon, elle varie en fonction du choix du fromage, de la façon de le râper, des ingrédients utilisés. Les néophytes veilleront à toujours tourner la spatule en décrivant des « 8 » (jamais des ronds), et à ne pas laisser choir de pain dans le caquelon. Notez qu'ici le vin se commande au décilitre *(déci)*.

### Prix

À l'heure du déjeuner, la plupart des restaurants, même ceux des Rues-Basses, proposent un plat du jour à prix raisonnables. En soirée, les tarifs pratiqués sont certes plus élevés mais Genève n'est pas Paris : ici, vous pouvez tout à fait ne commander qu'un plat principal – ou une entrée suivie d'un dessert – sans vous attirer les foudres du serveur ! Les meilleurs établissements ne vous en tiendront pas rigueur… Sachez aussi qu'il est toujours possible de vous nourrir très correctement à moindres frais dans les self-services comme Manora (p. 117) ou Globus au Molard (p. 96).

### SE REPÉRER

Nous avons indiqué pour chaque adresse Séjourner sa localisation sur le plan général (B2, G8…). Pour un repérage plus facile en préparant votre week-end ou lors de vos balades, nous avons signalé sur le plan par un symbole jaune toutes les adresses de ce chapitre, sauf les hôtels. Le numéro en jaune signale la page où elles sont décrites.

# Hôtels

*1 - Jade*
*2 - Epsom*
*3 - Auteuil*
*4 - Jade*

## HÔTELS À PRIX SYMPAS

### Le long des Rues-Basses

#### Bel'Espérance★★

**1, rue de la Vallée (C4)**
**Lignes 3, 6, 8, 10 ou 12, arrêt Rive**
**☎ 022 818 37 37**
**Ⓕ 022 818 37 73**
**www.hotel-bel-esperance.ch**
**154 Fr (le studio : 190 Fr).**

À deux pas du collège Calvin, 40 chambres et studios dans un hôtel simple, propriété de l'Armée du salut, mais très bien tenu par Mariette Streiff. De la terrasse, vue sur le lac.

#### Des Tourelles★★

**2, bd James-Fazy (B3)**
**Lignes 1, 7 ou 15, arrêt Isaac-Mercier**
**☎ 022 732 44 23**
**Ⓕ 022 732 76 20**
**www.destourelles.ch**
**De 170 à 190 Fr la double.**

21 chambres très correctes dans un immeuble de 1889. Les plus convoitées sont celles qui donnent sur l'arrière et celles, un brin plus bruyantes, qui occupent la tourelle d'angle face au fleuve.

### Saint-Gervais, entre gare et fleuve

#### Saint-Gervais★

**20, rue des Corps-Saints (B3)**
**Lignes 5, 10 ou 14, arrêt Coutance**
**☎ 022 732 45 72**
**Ⓕ 022 731 42 90**
**www.stgervais-geneva.ch**
**De 119 (lavabo) à 140 Fr (douche).**

26 chambres très basiques mais pas déplaisantes (les moins chères ont douche et WC sur le palier). Le petit déj' est servi, de 6h30 à 9h seulement, dans le « lobby » lambrissé du rez-de-chaussée.

## Les Pâquis

### Auberge de jeunesse

**28-30, rue Rothschild (C1)**
**Ligne 15, arrêt Butini**
**☎ 022 732 62 60**
**🅕 022 738 39 87**
**www.genevahostel.ch**
**De 97 à 107 Fr la double.**

Une AJ accessible à tous, sans limite d'âge, dotée d'un self-service et de machines à laver. Les doubles avec WC & douche ont vue sur le lac. Réception fermée entre 10h et 14h.

## Hors visite

### Le Cénacle

**17, promenade Charles-Martin (E4-5)**
**Ligne 5, arrêt Rieu**
**☎ 022 707 08 30**
**🅕 022 840 30 40**
**www.cenacle.ch**
**De 132 (lavabo) à 172 Fr (douche).**

L'adresse idéale pour se réveiller au beau milieu d'un parc : 66 chambres dont 7 avec salle de bains. Tarifs dégressifs. Réception ouv. 8h-12h et 14h-22h.

### Des Balances

**33, route de Suisse (HP par C1) – Versoix**
**Ligne V, arrêt Versoix-Bourg ou train régional, arrêt Versoix-Gare**
**☎ 022 755 37 68**
**🅕 022 779 02 33**
**www.hotel-des-balances.ch**
**De 138 à 158 Fr la double (carte transport incluse).**

À 10 km au nord de Cornavin mais à deux pas du lac (embarquement pour Yvoire ou Genève), 13 chambres toutes simples à lambris ou papier fleuri.

## HÔTELS DE CHARME

## Le long des Rues-Basses

### Longemalle★★★

**13, place Longemalle (C3-4)**
**Lignes 2, 5, 10, 12 ou 36, arrêt Molard**
**☎ 022 818 62 62**
**🅕 022 818 62 61**
**www.longemalle.ch**
**De 235 à 380 Fr.**

Derrière une façade néogothique de 1905, un charmant hôtel joliment décoré : lustre

## LES HÔTELS MANOTEL

**Ils sont six, tous chaleureux, tous situés dans le quartier des Pâquis et ont tous une touche personnelle. www.manotel.com**

### Edelweiss★★★

**2, place de la Navigation (C2)**
**Ligne 1, arrêt Navigation**
**☎ 022 544 51 51**
**🅕 022 544 51 99**
**De 150 à 430 Fr (petit déjeuner 18 Fr).**

À 3 min des bains des Pâquis : 42 chambres décorées façon chalet d'alpage, avec des alcôves en bois et des couettes bien douillettes !

### Kipling★★★

**27, rue de la Navigation (C2)**
**Ligne 15, arrêt Môle**
**☎ 022 544 40 40**
**🅕 022 544 40 99**
**De 150 à 430 Fr (petit déjeuner 18 Fr).**

Les coussins safran, l'encadrement des miroirs, les gravures… : tout est inspiré et ravissant. 62 chambres dans un style colonial soft, façon Bali ou Chandernagor !

### Jade★★★

**55, rue Rothschild (C1)**
**Ligne 15, arrêt Butini**
**☎ 022 544 38 38**
**🅕 022 544 38 99**
**De 150 à 430 Fr (petit déjeuner 18 Fr).**

Formes, matières, disposition des meubles… : l'aménagement a été supervisé par un maître en feng shui. Résultat : 47 chambres apaisantes pour dormir en paix.

### Auteuil★★★★

**33, rue de Lausanne (C2)**
**Ligne 15, arrêt Môle**
**☎ 022 544 22 22**
**🅕 022 544 22 99**
**De 160 à 460 Fr (petit déjeuner 28 Fr).**

Proche de la gare, un sympathique hôtel, urbain et feutré, de 104 chambres au design épuré. Le personnel est très attentionné. Wifi, business centre et fitness.

### Royal★★★★

**41-43, rue de Lausanne (C2)**
**Ligne 15, arrêt Môle**
**☎ 022 906 14 14**
**🅕 022 906 14 99**
**De 160 à 350 Fr (petit déjeuner 30 Fr).**

Le plus néoclassique de tous les Manotel avec 202 chambres très soignées et des suites très différentes. En prime, une brasserie conviviale et inventive, le Duo.

### Epsom★★★★

**18, rue de Richemont (C1)**
**Ligne 15, arrêt Butini**
**☎ 022 544 66 66**
**🅕 022 544 66 99**
**De 170 à 450 Fr (petit déjeuner 30 Fr).**

Un miracle de confort grâce à l'architecte d'intérieur Paul Sartres qui a marié verre, sycomore, tons miel et saumon. Accueil très souriant et restau Le Comptoir épatant (p. 94).

Grand Siècle, balcon fleuri… Chaque chambre est différente. Accueil souriant.

## Saint-Gervais, entre gare et fleuve

### Suisse★★★

**10, place Cornavin (B2)**
**Lignes 1, 3, 5, 8 ou 14, arrêt Gare-Cornavin**
**☎ 022 732 66 30**
**F 022 732 62 39**
**www.hotel-suisse.ch**
**De 185 Fr (w.-e.) à 275 Fr (semaine).**

En face de la gare, un hôtel bien moins impersonnel qu'il n'y paraît, doté de 62 chambres. Seules les chambres des 3e et 4e étages, entièrement rénovées, ont du charme.

## Les Pâquis

### Windsor★★★

**31, rue de Berne (C2)**
**Lignes 1 ou 8, arrêt Alpes**
**☎ 022 715 16 00**
**F 022 731 93 25**
**www.hotel-windsor.ch**
**De 215 (le w.-e.) à 245 Fr (la semaine).**

Au cœur du Genève… *hot*, 64 chambres sympa au design contemporain, un lounge-bar plutôt pimpant et une salle de remise en forme. Plus calme côté cour.

## La zone internationale

### Mon-Repos★★★

**131-133, rue de Lausanne (HP par C1)**
**Ligne 1, arrêt Sécheron**
**☎ 022 909 39 09**
**F 022 909 39 93**
**www.hmrge.ch**
**De 269 à 330 Fr (tarif w.-e. ven. et sam. 400 Fr ; petit déjeuner 18 Fr).**

Pour des séjours d'au moins 7 jours : des studios parfaitement équipés à deux pas des organisations internationales.

### Eden★★★

**135, rue de Lausanne (HP par C1)**
**Ligne 1, arrêt Mines**
**☎ 022 716 37 00**
**F 022 731 52 60**
**www.eden.ch**
**De 195 à 300 Fr.**

Près de la villa Bartholoni (p. 64), un hôtel de 1936 séparé du lac par un axe très passant mais les 54 chambres sont bien insonorisées. Coquet salon aux fauteuils rayés de rose et vert amande.

### F6★★★

**6, rue Ferrier (C1)**
**Ligne15, arrêt Butini**
**☎ 022 901 66 66**
**F 022 901 66 60**
**www.hotel-f6.ch**
**De 171 à 380 Fr.**

40 chambres soignées dans les moindres recoins et très bien aménagées dans un style contemporain, avec fitness et wellness. Un modèle du genre dans la catégorie design hotel !

## Carouge

### Auberge communale★★

**39, rue Ancienne (HP par B5)**
**Ligne 12, arrêt Ancienne**
**☎ 022 342 22 88**
**F 022 342 22 05**
**www.aubergedecarouge.ch**
**210 Fr.**

14 chambrettes nickel, claires et plutôt plaisantes (côté arbres surtout) avec poutres apparentes.

## Hors visite

### La Cour des Augustins★★★★

**15, rue Jean-Violette (B5/C5)**
**Lignes 1 ou 12, arrêt Pont-d'Arve**
**☎ 022 322 21 00**
**F 022 322 21 01**
**www.lacourdes augustins.com**
**De 248 à 650 Fr.**

Pour les fans de design, Philippe Cramer (p. 57) a aménagé un hôtel ultra-contemporain et ultra-agréable avec cinq caté-

## HÔTELS CHIC

**· De la Cigogne★★★★★**
52 chambres cossues et raffinées qui fleurent bon le Relais & Château.
**17, place Longemalle (C3-4) – ☎ 022 818 40 40**
**www.cigogne.ch – De 380 à 520 Fr.**

**· Tiffany★★★★**
Avec son restaurant dans le goût Art nouveau, c'est le plus rétro de tous les hôtels genevois (46 chambres) !
**20, rue de l'Arquebuse (B4) – ☎ 022 708 16 16**
**www.hotel-tiffany.ch – De 247 à 310 Fr, sans petit déjeuner.**

**· Eastwest★★★★**
Un hôtel design qui a tout d'une maison particulière : confort douillet, élégance décontractée, salon-bibliothèque, délicieux patio et 41 chambres de charme.
**6, rue des Pâquis (C2) – ☎ 022 708 17 17**
**www.eastwesthotel.ch – De 300 à 500 Fr, sans petit déjeuner.**

**· La Réserve★★★★★**
Sur la rive nord du lac, un superbe hôtel-spa de 85 chambres et suites décorées par Jacques Garcia. En saison, bateau-taxi pour le centre-ville.
**301, route de Lausanne, Bellevue (HP par C1)**
**☎ 022 959 59 59 – www.lareserve.ch – De 435 à 570 Fr.**

*1 - Longemalle*
*2 - Auberge communale*
*3 - Eastwest*
*4 - Tiffany*

gories de chambres, toutes déclinées en rouge, blanc et chêne.

## CHAMBRES D'HÔTES

### Hors visite

### Susanne Staub

**9, Chemin du Nant-Cayla (HP par A3)**
**Ligne 7, arrêt Camille-Martin**
**Mobile ☎ 079 389 15 48**
**www.geneve-tourisme.ch**
**De 80 à 120 Fr.**

Chambre au 1er étage d'une maison non-fumeur. Jolie vue sur le jardin et le mont Salève. À la belle saison, le petit déj' est servi sur la terrasse.

### Environs de Genève

### Domaine de Crêve-Cœur

**Famille Rivollet**
**190, route de Choulex (HP par F1) – Choulex**
**Ligne 33, arrêt Choulex**
**☎ 022 750 17 66**
**www.creve-cœur.ch**
**Autour de 150 Fr.**

Un gîte rural avec studios et « petites chambres » (douche et toilettes sur le palier). Tarifs dégressifs à partir de la 4e nuit. Attention : peu de bus (1/h) !

### Le Gitami

**Mariella Degors-Storti**
**298, route d'Hermance (HP par F1) – Anières**
**Ligne E, arrêt Marguerite**
**☎ 022 751 03 39**
**Mobile ☎ 078 683 79 59**
**www.bnb-switzerland.ch**
**110 Fr.**

Un studio de 30 m$^2$ dans une maisonnette individuelle (1900) avec jardin, à proximité de l'arrêt de bus pour Genève (30 min) et Hermance (8 min).

### Ferme Pittet

**Laurence Duez-Pittet**
**34, Chemin de la Croix-de-Plomb (HP par A5) – Russin**
**Train régional, arrêt Russin**
**Mobile ☎ 079 479 85 38**
**www.lafermeenchantee.ch**
**Autour de 135 Fr.**

Ferme du village vigneron de Russin (à 13 min de train de Genève) avec 6 chambres d'hôte dans la cour, des confitures maison et des vins du cru.

### La Coudre

**200, route des Coudres (HP par C1) – Céligny**
**☎ 022 960 83 60**
**Ⓕ 022 960 83 61**
**www.bnb-lacoudre.ch**
**De 200 à 230 Fr (mars-oct.).**

Le plus ravissant des B&B du canton se trouve dans la campagne de Céligny (18 km), enclave genevoise en pays de Vaud. Réservé aux motorisés !

# Restaurants

*1 - Senso*
*2 - Le 3 Rive gauche*
*3 - Le 3 Rive gauche*
*4 - Nonolet*

## Autour du Bourg-de-Four

### Soupçon

**8, place du Bourg-de-Four (C4)**
**Ligne 36, arrêt Bourg-de-Four**
**☎ 022 318 37 37**
**www.soupcon.ch**
**Mar.-ven. 12h-14h30 et 19h-22h, sam. 12h-22h30**
**Plat de 27 à 49 Fr.**

Inauguré en 2004, le Soupçon de Frank Casanova et Jacques Merlotti s'est très vite imposé comme une halte conviviale au cœur de la vieille ville. Non seulement on peut y dîner d'un magret de canard aux cinq épices mais on peut aussi y déjeuner d'un tartare de saumon aux fruits de la passion (18 Fr).

## La ville haute

### Le 3 Rive gauche

**3, Grand-Rue (C4)**
**Lignes 7, 12 ou 36, arrêt Place-de-Neuve**
**☎ 022 810 29 29**
**www.le3rg.com**
**Lun.-ven. 12h-14h, et 18h30-22h30**
**À la carte, de 28 à 49 Fr.**

Le 3RG – le seul immeuble de la vieille ville qui soit de style national suisse (1904) – est un restau que l'on vous recommande les yeux fermés. On l'apprécie pour sa déco, tendance nappes bleu pâle et lumière tamisée, et pour la cuisine du chef, Cyril Marcou, qui a fait ses armes au Lutetia : que vous optiez pour le filet de féra aux câpres et citron confit (39 Fr) ou le filet de bœuf du Simmental, elle est joliment troussée.

## De part et d'autre de la place de Neuve

### Nonolet

**5, bd Georges-Favon (B3)**
**Lignes 1, 14 ou 15, arrêt Stand**
**☎ 022 311 88 50**
**www.nonolet.ch**
**Lun.-ven. 7h-minuit**
**Plat entre 25 et 33 Fr.**

Un bar en laiton, du mobilier design, un beau parquet… :

Wegelin & Co, banquiers privés depuis 1741, n'ont pas ménagé leur peine pour faire de ce lieu un lounge spacieux et agréable. Et comme ils ont de l'humour, ils lui ont donné le doux nom latin de Nonolet (vous savez : pecunia non olet, « l'argent n'a pas d'odeur »). Bref, le menu, lui, est en français et plutôt appétissant. Chaque jour, Nonolet reçoit d'ailleurs son lot de cadres en cravate et d'amateurs de très bons vins servis au verre. Le soir, buffet de tapas.

## Le long des Rues-Basses

### Senso

**56 bis, rue du Rhône (C3)**
**Lignes 2, 5, 10, 12 ou 36, arrêt Molard**
**☎ 022 310 39 90**
**www.senso-living.ch**
**Lun.-sam. 12h-14h30 et 19h30-22h (22h30 ven.-sam.)**
**À midi, plat du jour à 26 ou 29 Fr.**

Voici un restaurant italien qui réussit à sortir des sentiers battus. Claudio Panebianco y régale hommes d'affaires et jet-setters de recettes raffinées, qu'il a glanées du côté des Pouilles ou des Abruzzes et réinvente au gré des saisons : carré d'agneau en veste de châtaigne et polenta, risotto à la truffe noire et aux langoustines… Le tout est très élégamment servi sur des nappes de lin écru, entre un miroir et une colonne patinée d'or. Veste et cravate sont bienvenues.

### Taverne de la Madeleine

**20, rue de Toutes-Âmes (C4)**
**Lignes 2, 5, 10, 12 ou 36, arrêt Molard**
**☎ 022 310 60 70**
**www.tavernedelamadeleine.ch**
**Lun.-ven. 8h30-16h30 (jusqu'à 18h en été), sam. 10h-16h**
**Plat du jour à 17,50 Fr.**

Attention : on ne sert aucun alcool dans cette vieille auberge (c'est même écrit en toutes lettres sur la façade) ! N'en déduisez pas pour autant que la cuisine y est du genre gloubiboulga ! Les plats du jour sont de solides blanquettes à l'ancienne et de bons gigots à des prix très modérés. Au pied du temple de la Madeleine.

## Quartier des Bains

### Curiositas

**8-10, rue des Vieux-Grenadiers (B4)**
**Ligne 1, arrêt École-de-Médecine**
**☎ 022 321 30 37**
**www.curiositas.ch**
**Lun.-ven. 12h-14h et 19h-22h, sam. 19h-22h30**
**Entrée + plat + dessert : 38 Fr le midi.**

Ouvrir un « restaurant-cabinet de curiosités » dans une ancienne usine de machines-outils, il fallait oser ! Jean-François Schlemmer l'a fait (face au Mamco) et comme il a l'art de métamorphoser les lieux les plus improbables, c'est réussi. On peut s'attabler ici devant un pressé de foie gras à la rhubarbe ou un médaillon d'agneau au spéculoos, servis avec le sourire par Nicolas, au milieu de superbes vitrines qui renferment des collections de papillons, de coquillages et d'images pieuses chinées aux puces des scouts de Cluses. Plus décalé… !

## Saint-Gervais

### Chez ma Cousine

**5, rue Lissignol (B3/C3)**
**Lignes 3, 6, ou 8, arrêt Chantepoulet**
**☎ 022 731 98 98**
**www.chezmacousine.ch**
**Lun.-ven. 11h30-14h30 et 18h-23h**
**Demi-poulet broché à 14,90 Fr.**

Le repaire des mangeurs de poulet ! Ajoutez-y un zeste de bon vin, comme le montepulciano des Abruzzes, et deux doigts d'une salade sympa, et vous obtiendrez l'une des cantines les plus bon enfant du quartier. Le service est rapide et l'addition raisonnable. Annexe dans la vieille ville au n° 6, place du Bourg-de-Four (C3) (ouv. aussi les sam.-dim.).

### Auberge de Coutance

**25, rue de Coutance (B3)**
**Lignes 5, 10 ou 14, arrêt Coutance**
**☎ 022 732 79 19**
**www.aubergecoutance.ch**
**Lun.-ven. 10h-14h30 et 18h-23h30, sam. 18h-0h30**
**Menus à 48 et 70 Fr.**

Pour ceux qui ne pourraient se passer de leur dose habituelle de confits, magrets et foie gras, il y a deux possibilités : retourner dans les Landes ou s'arrêter chez Christian Geuther, qui sert à la bonne franquette des spécialités du Sud-Ouest, mitonnées comme là-bas. Portions généreuses et bon choix de vins de pays (bergerac, buzet, jurançon).

## Les Pâquis

### Wine & Beef

**3, rue Ami-Lévrier (C2-3)**
**Lignes 3, 6 ou 8, arrêt Mont-Blanc**
**☎ 022 732 53 45**
**www.wine-and-beef.com**
**T. l. j. 12h-15h et 19h-minuit.**

Côté vin, vous aurez le choix entre 25 étiquettes, genevoises pour certaines, comme le pinot noir des Molards ou la lune rousse des Balisiers mais côté menu, ici, c'est... plat unique ! Car Wine & Beef est un bistrot design qui mise tout sur l'entrecôte de bœuf cuite à la plancha et rehaussée d'une sauce maison (24,90 Fr la demi, avec frites & salade). Desserts dès 10 Fr.

### Le Comptoir

**9, rue de Richemont (C1)**
**Ligne 15, arrêt Môle**
**☎ 022 731 32 37**
**www.lecomptoirdesign.com**
**Mar.-jeu. 18h30-minuit, ven.-sam. 18h30-2h**
**Plat + entrée ou plat + dessert : 40 Fr.**

La carte joue sur le registre asiatique. Les végétariens pourront y picorer des légumes de saison sautés aux champignons parfumés ; les fanas de poisson, du colin au gingembre cru. Le tout est servi (avec... lenteur) dans le cadre mi-pop, mi-futuriste et très tamisé d'un ancien garage ripoliné de blanc. Adresse fun et mode : pensez à réserver !

### Edelweiss

**2, place de la Navigation (C2)**
**Ligne 1, arrêt Navigation**
**☎ 022 544 51 51**
**T. l. j. 19h-23h (f. la première quinzaine de janv.)**
**Fondues de 25 et 41 Fr.**

Pour celles et ceux qui auraient oublié que la Suisse est la patrie de Heidi, héroïne des alpages et des petites chèvres, voici le restau le plus « montagnard » (et le plus désopilant) de Genève ! On y sert de la très bonne fondue, devant une façade de chalet aux volets verts ajourés de petits cœurs, avec des tralalaïtou en live. On vous l'accorde, la mise en scène est un peu appuyée, pour ne pas dire kitsch, mais au second degré, c'est vraiment irrésistible !

### Portobello

**18, rue de Richemont (C1)**
**Ligne 15, arrêt Butini**
**☎ 022 544 66 60**
**T. l. j. 12h-14h15 et 19h-23h**
**Plat du jour à 21 Fr, menu découverte à 65 Fr.**

Si vous rêvez d'un grand moment de gastronomie française, optez pour le restaurant de l'Epsom (p. 89). Sa verrière est lumineuse et sa cuisine, succulente, a des arômes si raffinés : ici un parfum de coriandre, là une sauce au jus de truffe, ailleurs une vinaigrette d'orties... C'est que le chef défend avec brio l'esprit et le savoir-faire du regretté Bernard Loiseau. P.-S. : ne partez pas sans tester le moelleux au chocolat pur Caraïbes et sorbet orange : c'est renversant !

### Nologo

**11, rue de Fribourg (C2)**
**Lignes 1, 3, 5, 8 ou 14, arrêt Gare-Cornavin**
**☎ 022 901 03 33**
**www.nologo.ch**
**Lun.-ven. 12h-14h et 19h-22h30, sam. 19h-23h**
**Plat du jour de 18 à 22 Fr.**

Vous êtes un(e) fan de saveurs italiennes ? Essayez le Nologo. Il y a là, dans un décor façon brique et bois signé Fathi Ben Meftah, une carte créative où les penne du pêcheur all'arrabiata partagent la vedette avec les côtelettes de veau à la milanaise. On y dîne à la bougie entre yuppies et bobos aisés.

### Vertig'O

**11, quai du Mont-Blanc (C3)**
**Lignes 3, 6 ou 8, arrêt Mont-Blanc**
**☎ 022 909 60 66**
**www.hoteldelapaix.ch**
**Mar.-ven. 12h-14h et 19h-22h, sam. 19h30-22h**
**Menus à 107 et 125 Fr.**

Un service appliqué sans être trop cérémonieux, une cuisine de qualité qui se déguste face au lac... pas de doute, le restaurant de l'Hôtel de la Paix a tous les ingrédients pour figurer en bonne place au hit-parade des tables genevoises. Son chef, Jérôme Manifacier – sélection suisse du Bocuse d'Or 2007 – y chatouille le palais de ses hôtes avec un poisson du lac aux légumes oubliés ou une gourmandise aux noisettes... dont il a le secret.

1 - Le Socrate
2 - Le Socrate
3 - Wine & Beef

## La zone internationale

### Vieux-Bois

**12, avenue de la Paix (HP par B1)**
**Lignes 8 ou V, arrêt Appia**
**☎ 022 919 24 26**
**www.vieux-bois.ch**
**Lun.-ven. 12h-14h30 (f. lors des examens et des vacances scolaires)**
**Menus de 44 à 56 Fr.**

C'est dans cette très agréable maison du XVIIIe s. que les étudiants de l'École hôtelière de Genève se mettent en quatre pour soigner l'épicurien qui sommeille en vous : tous les mets – le filet de marlin grillé au piment doux, le suprême de pintade au basilic et ratatouille aux olives noires... – sont préparés et servis par leurs soins. À savourer en terrasse, façon garden-party, ou au salon Toepffer, habillé de stucs crème et boiseries vert pâle.

## Carouge

### L'Olivier de Provence

**13, rue Jacques-Dalphin (F4)**
**Ligne 12, arrêt Armes**
**☎ 022 342 04 50**
**www.olivierdeprovence.ch**
**Lun.-ven. 12h-14h et 19h-22h**
**Menus de 48 à 112 Fr.**

Dans cette auberge où logea le duc d'Orléans, Brice Bibollet accommode les classiques de la cuisine provençale : filet de rouget à l'anis vert, souris d'agneau confite aux olives et tomates séchées... Séduisant.

## Hors visite

### Le Socrate

**6, rue Micheli-du-Crest (C5)**
**Ligne 1, arrêt Lombard**
**☎ 022 320 16 77**
**www.lesocrate.ch**
**Lun.-ven. 12h-14h30 et 19h-23h, sam. 19h-23h**
**Plat env. : 35 Fr.**

C'est un petit bistrot façon « bouchon lyonnais » où le chef, talentueux, sert une cuisine du terroir enthousiasmante. Sa joue de bœuf poêlée, déglacée et braisée au vin rouge, fait les délices des gourmets genevois. Il y a, selon la saison, du carpaccio de cerf à la moutarde de bénichon, des atriaux (p. 142), des ravioles de courge aux pignons de pin et sauge... L'accueil y est très chaleureux. Pour y dîner, réservez à l'avance !

#### MAIS AUSSI


- **Les Armures** (p. 43)
- **Le Lyrique** (p. 47)
- **Le Barocco** (p. 49)
- **Arthur's Rive Gauche** (p. 51)
- **Le Lacustre** (p. 52)
- **Le café des Négociants** (p. 67)
- **La Plancha** (p. 69)
- **Tout simplement** (p. 71)
- **Auberge d'Hermance** (p. 73).

# Sur le pouce

*1 - Ô Calme*
*2 - Globus au Molard*
*3 - Café du Grütli*
*4 - Ô Calme*

## Autour du Bourg-de-Four

### Demi-Lune Café

**3, rue Étienne-Dumont (C4)**
**Ligne 36,**
**arrêt Bourg-de-Four**
**☎ 022 312 12 90**
**www.demilune.ch**
**Lun.-mer. 10h-minuit,**
**jeu.-ven. 10h-2h,**
**sam. 16h-2h, dim. 12-minuit**
**Plat ou salade env. 20 Fr.**

Un petit creux ? Voici un café chaleureux qui s'offre un décor cool et tamisé façon lounge, avec des canapés bas, un bar en vis-à-vis et des murs orange peints à l'éponge, où l'on peut grignoter à toute heure des tapas, des salades de crudités et des tajines d'agneau. Le service est affable, la bande-son plutôt jazzy et la clientèle oscille entre le yuppie genevois et l'expat' américain. Bondé après 18h.

## De part et d'autre de la place de Neuve

### Café du Grütli

**16, rue du Général-Dufour (B4)**
**Lignes 1, 2 ou 15,**
**arrêt Cirque**
**☎ 022 321 51 58**
**www.cafedugrutli.ch**
**Lun.-jeu. 8h-minuit,**
**ven. 8h-1h, sam. 16h-1h**
**Plats entre 23 et 35 Fr.**

Le dimanche, la carte du café de la Maison des arts du Grütli (p. 47) se limite à quelques gourmandises, soupes et salades, mais, en semaine, vous n'aurez que l'embarras du choix : figues farcies au fromage de chèvre, tartare de daurade à la mangue et papaye verte, fusili à la ricotta, roquette, basilic et tomates cerises… Au final, c'est créatif, chaleureux, pas si cher et non-fumeurs. L'une de nos cantines préférées !

## Le long des Rues-Basses

### Globus au Molard

**Place du Molard (C3)**
**Lignes 2, 5, 10, 12 ou 36,**
**arrêt Molard**
**☎ 05 85 78 50 50**
**Lun.-sam. 9h-22h**
**Plats autour de 20 Fr.**

Ils « assurent » dans le registre de la restauration rapide. Non seulement ça a du goût, mais en plus c'est varié : antipasti, sushis et sashimis, wellness bar… Seule ombre au tableau : ce self est une vraie petite ruche aux heures de pointe. Si vous voulez pouvoir butiner tranquillement de stand en stand avec votre plateau et décrocher un tabouret en vitrine pour regarder les gens qui passent, il vaut mieux arriver avant midi. Comptez 15,50 Fr pour une salade de boulgour au saumon frais et gingembre.

## L'Antidote

**29, rue de la Rôtisserie (C3-4)**
**Lignes 2, 5, 10, 12 ou 36, arrêt Molard**
**☎ 022 311 11 33**
**www.lantidote.ch**
**Lun. 12h-15h, mar.-sam. 12h-2h**
**Plat de 12,50 à 25 Fr.**

Pour déjeuner vite fait entre la vieille ville et les Rues-Basses, il y a aussi L'Antidote, un bar avec terrasse où les Genevois s'arrêtent pour grignoter un sandwich, un tartare, un chèvre cendré sur pain grillé ou – plus cher – une terrine de canard aux pistaches et son magret.

## Capocaccia

**Confédération Centre**
**8, rue de la Confédération (C3)**
**Lignes 2, 5, 7, 10, 12 ou 14, arrêt Bel-Air**
**☎ 022 310 15 15**
**www.capocaccia.com**
**Lun.-jeu. 12h-1h, ven.-sam. 12h-2h**
**Pâtes du jour à 18 Fr.**

Ce sympathique *wine bar* italien est situé au 2e étage du Confédération Centre : leur charcuterie est excellente et la mozzarella de première fraîcheur. À toute heure de la journée, vous y trouverez toasts, panini, tartines de chèvre et *bresaola*… Les gros appétits pourront même y commander une copieuse salade « Capocaccia » à base de foie gras et magret d'oie (34 Fr). Service efficace.

### Au fil du Rhône

## Les Halles de l'île

**1, place de l'Île (B3)**
**Lignes 2, 5, 7, 10, 12, ou 14, arrêt Bel-Air**
**☎ 022 311 08 88**
**www.brasseriedes hallesdelile.ch**
**Lun.-mer. 10h30-1h, jeu.-sam. 10h30-2h, dim. 10h30-minuit**
**Plat du jour à 17 Fr.**

Si vous aimez les croisières, vous allez adorer ce navire – pardon, cette brasserie – où l'on sert à fleur d'eau petits plats, collations et brunchs (sam.-dim. 11h-15h). Il y a une terrasse offerte au remous du fleuve et un bar sympa où l'on peut siroter un Baiser de la femme araignée (un cocktail à base d'absinthe, lime & soda) sur fond de thé dansant brésilien ou de soirée latin lover. Convivial !

### Carouge

## Ô Calme

**36, rue Ancienne (F5)**
**Ligne 12, arrêt Ancienne**
**☎ 022 301 22 20**
**www.ocalme.com**
**Mar. 10h-16h, mer.-dim. 10h-18h**
**Brunch à 23 et 30 Fr.**

Grâce à Christian et Dominique, les lève-tard et les enfants gâtés peuvent s'adonner aux joies du brunch à Carouge, tous les samedis de 10h à 16h et le dimanche de 10h à 17h. Le reste du temps, on profitera de l'arrière-salle et du jardinet pour commander un café, un goûter ou un léger en-cas. Pas de doute, Ô Calme est une alternative bien sympathique au bon vieux Martel (1818) de la rue du Marché.

### Au cœur des Eaux-Vives

## L'Adresse

**32, rue du 31-Décembre (D3-4)**
**Lignes 2 ou 6, arrêt Rue-du-Lac**
**☎ 022 736 32 32**
**www.ladress.ch**
**Mar.-sam. 11h-22h**
**Menu du midi : 24 Fr.**

En matière de bistrot, le quartier des Eaux-Vives a plus d'un tour dans son sac. On a le choix entre le Coup de Girafe (18, rue Maunoir), la Suite 115 (61, rue des Eaux-Vives) et surtout… L'Adresse, un ancien atelier d'artiste que Gabriele et Valérie Azoulai ont transformé en loft « table & wear », une boutique de prêt-à-porter pour femme et homme (Isabel Marant, Diane von Furstenberg, Nfy jeans…) doublée d'un café contemporain où l'on sert une cuisine de voyage. C'est très sympa et il y a une terrasse sur le toit !

### MAIS AUSSI


- **Le café Papon** (p. 44)
- **Le Barocco** (p. 49)
- **Le café des Bains** (p. 57)
- **Le café des Négociants** (p. 67)
- **Manora** (p. 117).

# Bars à café, salons de thé

*1 - La théière qui rit*
*2 - Les Recyclables*

## Autour du Bourg-de-Four

### La Clémence

**20, place du Bourg-de-Four (C4)**
**Ligne 36,**
**arrêt Bourg-de-Four**
**☎ 022 312 24 98**
**www.laclemence.ch**
**Lun.-jeu. 7h-1h, ven.-sam. 8h-2h, dim. 8h-1h**
**Croque-monsieur : 6,50 Fr**
**Verre de chasselas : 3,90 Fr.**

On ne présente plus La Clémence : ce bar, l'une des adresses phares de la vieille ville, s'est taillé une belle réputation grâce à sa terrasse qui draine ici, au moindre rayon de soleil, employés du quartier, cadres sup', collégiens, touristes et étudiants en droit. À tester surtout pour la vue circulaire sur la place du Bourg-de-Four !

## La ville haute

### La théière qui rit

**15, rue de la Cité (B3)**
**Lignes 2, 5, 7, 10, 12 ou 14, arrêt Bel-Air**
**☎ 022 310 36 47**
**Lun.-ven. 8h-18h, sam. 9h-19h.**

En français ou en v.o., il n'y a pas photo : *The laughing teapot* – alias La théière qui rit – est bien le complice des petits plaisirs de la vie et l'un des meilleurs salons de thé genevois, autant pour sa déco – les murs vert anis avec les poufs roses et les comptoirs noir et or, il fallait oser... – que pour l'onctuosité de son chocolat chaud servi à la viennoise (6,50 Fr) : la ganache, préparée par Christophe Berger (p. 120), est additionnée de lait frais puis brassée au bain-marie.

## De part et d'autre de la place de Neuve

### Café du Parc des Bastions

**Parc des Bastions (C4)**
**Lignes 7, 12 ou 36, arrêt Place-de-Neuve**
**☎ 022 310 86 66**
**www.bastions.ch**
**Lun.-sam. 9h-23h, dim. 10h-18h**
**Plat du jour : de 23 à 32 Fr.**

Pour faire un break au vert, rien de tel que le kiosque construit en 1881 par Gédéon Dériaz sur la promenade des Bastions, à gauche de la grille d'entrée du parc. Non seulement ce pavillon a du charme, avec ses piliers de fonte moulés et ses treillis d'acier, mais il est aussi très convivial : ici, les étudiants ont le droit à un prix spécial sur le plat du jour et l'on peut y jouer aux échecs tout l'après-midi ! Ouvert même en hiver. Le dimanche, « brunch terroir » (48 Fr).

## Quartier des Bains

### Remor

**3, place du Cirque (B4)**
**Lignes 1, 2 ou 15, arrêt Cirque**
**☎ 022 328 12 70**
**www.remor.ch**
**Lun.-jeu. et dim. 7h-minuit, ven.-sam. 7h-1h**
**Plat du jour à 18 Fr.**

Le genre d'endroit dont on fait vite son quartier général quand on est addict aux glaces maison et au chocolat chaud ! Les étudiants des Beaux-Arts et les artistes du quartier l'ont compris depuis longtemps. Mais Remor, ouvert depuis 1921, compte aussi parmi ses adeptes le public du Victoria Hall (p. 136) qui prend d'assaut la terrasse (chauffée en hiver) dès la fin du concert. Ici, les connaisseurs apprécieront tout particulièrement le sorbet au safran et au gingembre…

## Saint-Gervais

### Willi's

**11, rue du Mont-Blanc (C2-3)**
**Lignes 3, 6 ou 8, arrêt Mont-Blanc**
**☎ 022 732 77 09**
**www.arthurs.ch**
**Lun.-ven. 7h-2h, sam.-dim. 8h-2h.**

Le Willi's tient son succès de son emplacement (à mi-chemin entre la gare de Cornavin et le pont du Mont-Blanc) et de son café, un mélange spécial « aux 7 arabicas », que l'on sirote, sur fond de bonne musique, dans des fauteuils cuir et sisal. Ils ont aussi du cappuccino cannelle (4,90 Fr) et du thé au cynorrhodon. Prix légèrement majorés (après 22h).

## Hors visite

### Les Recyclables

**53, rue de Carouge (B5)**
**Lignes 1 ou 12, arrêt Pont-d'Arve**
**☎ 022 328 23 73**
**www.recyclables.ch**
**Lun.-sam. 7h30-20h30.**

Un café-librairie « associatif » où l'on pourra s'offrir à peu de frais une bonne tranche de lecture devant un ristretto et un cake maison, 2 déci de vin bien sentis ou une bière artisanale. L'ambiance, jeune, est soutenue par une déco plutôt décontractée, style récup'. Notez que les livres en rayon (romans, BD…) sont d'occasion. Et que la cuisine est diététique.

### Café du Soleil

**6, place du Petit-Saconnex (HP par A1)**
**Ligne 3, arrêt Petit-Saconnex**
**☎ 022 733 34 17**
**www.cafedusoleil.ch**
**Lun.-sam. 7h-minuit, sam. 10h-minuit, dim. 10h-23h.**

Situé à sept arrêts de bus de la gare (ligne 3, direction Gardiol), ce bistrot réputé pour ses malakoffs et ses fondues est une oasis dont on ne se lasse pas. Ambiance quasi villageoise le matin, quand les habitués papotent le temps d'un renversé, plus « urbaine » l'après-midi, lorsque les bobos sirotent en terrasse un Rivella, qui est à la Suisse ce que le Coca est au reste du monde…

#### MAIS AUSSI

- **Gilles Desplanches** (p. 50)
- **La Vouivre** (p. 63)
- **Christophe Berger** (p. 120).

#### LIVRESSE

Encore un café-librairie ? Oui, mais celui-ci sort vraiment des sentiers battus ! Il a : 1°) des bières artisanales du Jura et de Zurich que l'on ne trouve pas partout ; 2°) une bande-son variée qui va du classique (jusqu'à 13h) au « festif » (le soir) ; 3°) le plus important rayon de littérature gay & lesbienne de tout le bassin rhodanien ; 4°) une planche pour les petits creux, composée de viande des Grisons, tomme de chèvre, tomates confites, olives et pain. Enfin, c'est l'un des rares cafés où l'on ne paie le ristrette que 2,80 Fr et la bière 3,60 Fr les 3 décis !

**5, rue Vignier (B5) – Lignes 1 ou 12, arrêt Pont-d'Arve ☎ 022 320 80 57 – www.livresse.ch – lun. 13h-minuit, mar.-jeu. 9h-minuit, ven. 9h-1h, sam. 10h-1h.**

# Shopping mode d'emploi

**Si vous aimez la « chic attitude », le glamour et les griffes bon teint, vous trouverez votre bonheur dans les Rues-Basses ! Point névralgique du shopping genevois, ce périmètre est délimité par deux rues parallèles : 1°) la rue du Rhône, où se concentrent couturiers, joailliers de luxe et autres vitrines exclusives que l'on voit surtout à Marbella ou Beverly Hills ; 2°) l'enfilade des rues de la Confédération, du Marché, de la Croix-d'Or et de Rive, artère marchande par excellence.**

## Où faire ses achats ?

Cette voie triomphale, un peu fiévreuse aux heures de pointe, a deux atouts : elle pratique des prix plus raisonnables que la rue du Rhône et elle est desservie par force trams et bus (n^os^ 2, 7, 12). La ville haute, de son côté, a le quasi-monopole des antiquaires mais compte aussi des commerces qui défendent avec passion le livre ancien, les arts de la table et quelques marques de prêt-à-porter plus confidentielles. Le vieux Carouge, fidèle à sa tradition artisanale, propose une version plus décontractée du lèche-vitrines. En flânant au gré des rues Ancienne, Jacques-Dalphin, St-Joseph et St-Victor, vous découvrirez ici l'échoppe d'une tisserande ou d'une modiste, là un doreur à la feuille, une maroquinière et un laqueur... Si vous surfez dans la catégorie petit budget, visez plutôt les quartiers excentrés ! À commencer par Plainpalais, où se tient le marché aux puces : si le côté ouest de la plaine, avec ses galeries d'art contemporain et de design, reste assez onéreux, il existe en effet, sur le côté est, le long de la rue de Carouge, des magasins – disques, articles de sport, fringues casual et vintage... – pour s'équiper à bon marché. Autres pôles d'attraction :

### SE REPÉRER

Nous avons indiqué pour chaque adresse Séjourner sa localisation sur le plan général (B2, G8...). Pour un repérage plus facile en préparant votre week-end ou lors de vos balades, nous avons signalé sur le plan par un symbole jaune toutes les adresses de ce chapitre, sauf les hôtels. Le numéro en jaune signale la page où elles sont décrites.

la rue de la Terrassière (p. 69), le quartier de Saint-Gervais (p. 58) et celui des Pâquis (p. 62) qui recèle des perles insoupçonnées pour les amateurs de *second hand*, d'objets kitsch ou exotiques.

## Horaires des magasins

À Genève, les boutiques sont généralement ouvertes le lundi après-midi de 13h30 à 18h30, du mardi au vendredi de 9h à 12h et de 13h30 à 18h30 (ou 19h), le samedi de 9h à 17h (ou 18h). Elles font souvent nocturne le jeudi jusqu'à 20h, voire 21h.
Les grands magasins et centres commerciaux suivent un régime légèrement différent : vous pourrez y faire vos courses à l'heure du déjeuner. En décembre, de nombreux commerces (à Carouge notamment) accueillent les clients les dimanches de 10h à 17h.

## Comment payer ?

Les commerces acceptent la plupart des cartes de paiement. Vous n'aurez pas besoin de composer votre code pour valider votre achat : il vous suffira de signer la facturette. Beaucoup de magasins acceptent les euros (les billets, pas les pièces de monnaie). En revanche, les chèques émis en euros ne peuvent être échangés que dans les banques et bureaux de change. Comme le taux est assez désavantageux, il est plus intéressant de retirer de l'argent à un *automate à billets* (distributeur automatique). En cas de perte ou de vol de votre carte bancaire, téléphonez au centre d'opposition :
☎ 0800 892 733 pour les Visa ; ☎ 08 92 69 92 92 pour les MasterCard ;
☎ 01 835 41 41 pour les Diner's Club ;
☎ 0800 25 52 00 pour les American Express.

## Détaxe

Vous résidez hors de la Suisse et du Liechtenstein ? Vous avez la possibilité de vous faire rembourser la TVA helvétique dans les magasins estampillés *tax free shopping* si le montant de vos achats, par magasin, est supérieur à 300 Fr. La période écoulée entre la date de l'achat et celle de l'exportation ne doit pas excéder trente jours. La procédure est simple. Pensez juste à demander la brochure *Global Refund* au commerçant affilié au système *tax free*. La TVA (8 %) vous sera remboursée en espèces.

## Expédition à domicile

Les grands magasins, boutiques de meubles et de déco d'intérieur se chargeront d'expédier à domicile vos achats les plus volumineux par l'intermédiaire de leur transporteur habituel.
À défaut, contactez :
**Gondrand**, 6, route des Jeunes, HP par B5, CH-1211 Genève 26, ☎ 022 304 89 20.

## Douane

Sont exemptées de taxe douanière les marchandises achetées ou reçues en cadeau (tablettes de chocolat, etc.) dont la valeur est inférieure à 300 (430 € si vous rentrez en avion). Notez que vous pouvez aussi rapporter de Suisse jusqu'à 200 cigarettes ou 50 cigares, 2 l de vin, 1 l de spiritueux et des devises pour une valeur maximale de 9 999 €. Attention aux contrefaçons !

### PETITS PRIX

Il n'existe pas, comme en France, de soldes à dates fixes, même si certains commerçants annoncent des « soldes du blanc » en janvier et des « soldes d'été » fin juillet. Les 3 600 magasins de la ville ont le droit de pratiquer à tout moment des *prix de lancement* (pendant deux mois) et des *prix barrés*, au bout de huit semaines ! Traquez aussi les *actions* (sur l'alimentaire), *prix hit*, rabais, fins de série… et vous verrez qu'il n'est pas nécessaire d'avoir un portefeuille bien garni pour faire ses emplettes à Genève !

# Mode femme

**Il en va des grandes griffes comme du *mass market* : la mode, à Genève, est résolument internationale : ici un zeste de look milanais avec Paola Frani, là un soupçon de hype danoise avec Bruuns Bazaar. Et partout, Chanel, Dior, Gucci, Hermès… Une poignée de boutiques, cependant, jouent la carte de la création romande. Soutenez-les ! D'Évelyne Curty à Anne-Caroline Huguenin en passant par Ania de Carouge, elles le valent bien…**

## Paradigme

**2, rue de la Terrassière (D4)**
**Lignes 1, 5 ou 12, arrêt Terrassière**
**☎ 022 700 72 75**
**www.boutiqueparadigme.ch**
**Lun. 13h30-18h30, mar.-ven. 10h-18h30, sam. 10h-18h.**

Voici une boutique souriante, exiguë mais pleine d'idées, qui a compris que la mode est au mélange des genres. Elle accueille en effet, à côté d'un choix très sûr de maille italienne (Roberto Collina), de superbes modèles coupés dans de belles matières par la Danoise Charlotte Eskildsen (Designers Remix), les créations du Chypriote Erotokritos bien sûr, mais aussi la collection 66 de la Lausannoise Agnès Boudry, en soie et polyester, où le rétro rejoint le sensuel. Une belle leçon de style ! Les accessoires sont désormais au n° 2 du carrefour de Rive.

## On Stage

**11, rue Saint-Victor (F4)**
**Carouge**
**Ligne 12, arrêt Armes**
**☎ 022 343 02 93**
**Lun. 14h-18h30, mar.-ven. 10h-18h30, sam. 10h-18h.**

Si le genre cosmopolite n'a pas rallié vos suffrages, essayez cette échoppe aussi charmante qu'intimiste : vous y trouverez des articles conçus par des stylistes suisses très créatives : si l'on a admiré, les saisons passées, les frémissantes jupes en soie de Gordana Rech de Lausanne et les imperméables en toile de parachute de la Bâloise Hélène Clément, cette année, c'est la Vaudoise Mamo qui s'impose avec ses bijoux en tissu rebrodé.

## Évelyne Curty

**31, rue Saint-Joseph (F4)**
**Carouge**
**Ligne 12, arrêt Marché**
**☎ 022 301 42 20**
**Mar.-jeu. 11h-19h, ven. 14h-19h, sam. 10h-17h.**

Cette styliste carougeoise, qui a fait ses classes à l'école de couture de la rue de Zurich, a travaillé 13 années durant avec Christa de Carouge, la pionnière de l'avant-garde helvétique, dont les vêtements, aussi épurés qu'un haïku japonais, avaient le don de vous transformer en vestale. Aujourd'hui, Christa a quitté Carouge, mais Évelyne continue de tailler de superbes matières. Accessoires à partir de 200 Fr.

## Klima

**4, rue des Chaudronniers (C4)**
**Ligne 36, arrêt Bourg-de-Four**
**☎ 022 311 38 37**
**Lun. 13h30-19h, mar.-ven. 10h-19h, sam. 11h-18h.**

Côté vieille ville aussi, l'heure est à l'air du temps. Klima, par exemple, propose une mode fraîche, libre, sympathique, signée Plein Sud, Rick Owens, qui fait un malheur outre-Atlantique, et Stella Forest dont les robettes d'été et les petits tops sont très séduisants. Mais il y a aussi des jeans Acné, des ballerines Maloles, des chapeaux à fleurs du Florentin Grevi (109 Fr) et des sacs Jérôme Dreyfuss. Les plus cabotines essaieront les tee-shirts à tête de mort d'Ed Hardy. C'est piqué de strass et pas morose pour un sou !

## Histoire de plaire

**1, rue de Rive (C4)**
**Lignes 3, 6, 8, 10 ou 12, arrêt Rive**
**☎ 022 310 63 04**
**www.histoiredeplaire.ch**
**Lun.-ven. 10h-19h (20h le jeu.), sam. 10h-18h.**

Pour les adeptes d'un style jeune-énergique-et-décalé-sans-excès, voici une sélection de prêt-à-porter qui mêle lignes tranchées, matières ultra-souples, emprunts au vestiaire des sportifs et petits détails couture. Difficile de dire ce qui l'emporte, des cardigans en coton mélangé de Bruce Field, des créations de Nathalie Chaize en velours et crêpe de soie, ou des derniers modèles de René Derhy, à décolleté froncé et manches roulées retenues par une patte… Tout est craquant ! Pour être dans le coup sans avoir l'air d'une mutante…

## Comme dans un rêve

**31, rue Ancienne (F5) Carouge**
**Ligne 12, arrêt Ancienne**
**☎ 022 301 50 20**
**www.commedansunreve.ch**
**Mar.-ven. 10h-18h30, sam. 10h-17h (essayages sur r.-v.).**

Vous songez à convoler en justes noces ? Comme dans un rêve crée d'attendrissantes robes de mariée prêtes à porter ou sur mesure. Il vous en coûtera 2 500 Fr (pour du sur-mesure) et quatre mois de délai pour pouvoir virevolter dans de la soie sauvage piquetée de fleurs brodées à la main… N'oubliez pas de revenir pour les essayages !

## SEPTIÈME ÉTAGE

Enfin, pour vous porter le coup de grâce, il y a la boutique ultra-sympa de Katharina Sand où les drapés si flatteurs de Francesca Rosafio ont toujours la légèreté d'une plume. Les musts de la saison ? Les créateurs Doo-Ri, Isabel Toledo et Sue Stemp bien sûr, mais aussi Earnest Sewn, dont les jeans mixent l'esthétique japonaise au denim américain, et les dernières créations 3.1 du très talentueux Phillip Lim. Vous allez adorer !

**10, rue du Perron (C4)**
**Lignes 2, 5, 10, 12 ou 36, arrêt Molard**
**☎ 022 310 77 70 – www.septieme.com**
**Lun. 14h-19h, mar., mer. et ven. 10h30-19h, jeu. 12h-20h, sam. 10h30-18h.**
**Autre adresse : Au-delà du Septième Étage – 7, rue du Perron – lun. et jeu. 13h-19h, mar., mer. et ven. 10h30-12h et 13h-19h, sam. 12h-18h.**

# Affaires d'homme

**On vous l'accorde : la mode masculine à Genève est aux antipodes de l'imprimé panthère et du customisé psychédélique. Certains esprits chagrins vous diront même qu'ici, le plus basique des pantalons cargo frise déjà le laisser-aller. Il est vrai que la Réforme n'a guère favorisé la fantaisie vestimentaire et que les stylistes suisses, hormis Ernst Walder, ont peu fait pour dérider l'homme d'aujourd'hui. Pourtant, si vous sortez de la rue du Rhône, où les marques ont souvent un air de déjà-vu, vous constaterez qu'il y a tout de même une vie après la banque…**

## Père et Fils

**8, rue de Berne (C2)**
**Lignes 3, 6 ou 8, arrêt Chantepoulet**
**☎ 022 732 33 00**
**Lun. 13h30-18h30, mar.-ven. 8h30-12h et 13h30-18h30, sam. jusqu'à 17h.**

Voici, à l'orée des Pâquis, un pot-pourri de prêt-à-porter pour le *daily business* : des costumes antibactériens, froissant peu, en pure laine vierge, des polos qui ne boulochent pas au lavage et surtout des centaines de chemises, suisses comme Kauf ou allemandes comme Eterna et Olymp, qui sont agréables à porter et faciles d'entretien. Comptez 148 Fr pour une veste Digel joliment chinée dans les teintes olive.

## Ochsner Sport

**11, rue du Marché (C3)**
**Lignes 2, 5, 10, 12 ou 36, arrêt Molard**
**☎ 022 310 89 68**
**www.ochsnersport.ch**
**Lun.-mer. 9h-19h, jeu. 9h-21h, ven. 9h-19h30, sam. 9h-18h.**

Fondée à Zurich en 1961, cette entreprise de sportswear compte désormais 80 magasins en Suisse. Genève est sur la liste avec toute une gamme d'articles pour la rando, le fitness, le vélo… sans oublier la panoplie complète du supporter de la Nati (l'équipe de Suisse de football). Le clou ? Le large choix de chaussures de ski à l'entresol.

## PkZ

**16, place de la Fusterie (C3)**
**Lignes 2, 5, 7, 10, 12 ou 14, arrêt Bel-Air**
**☎ 022 311 86 66**
**www.pkz.ch**
**Lun.-mer., ven. 9h30-18h45, jeu. 9h30-20h, sam. 9h-18h.**

Grâce à Olivier Burger, qui s'est mis en tête de rajeunir la firme que son arrière-

grand-père (Paul Kehl) avait fondée en 1881 près de Zurich, PkZ est aujourd'hui le nº 1 de la mode masculine au pays de Guillaume Tell. Ses complets sont coupés près du corps, ses vestes en cuir ont un petit look vintage et ses chemisettes en lin Paul Kehl, qu'elles soient rayées ou unies, affichent une belle décontraction (49,90 Fr).

## Globus Hommes Balexert

**27, avenue Louis-Casaï (HP par A1)**
**Ligne 14, arrêt Balexert**
**☎ 022 970 16 80**
**www.globus.ch**
**Lun.-mer. 9h30-19h, jeu. 9h30-21h, ven. 9h30-19h30, sam. 9h30-18h.**

Au 1er étage du centre commercial Balexert (p. 117), un large assortiment de vêtements pour le bureau mais aussi pour la détente avec des polos sympas, des pull-overs maille fine à encolure en V et des blousons. À l'honneur cette saison : les marques Brax, Strellson, Warren & Parker, Yves Gérard (qui a conçu une ligne de vestons en fibre de bambou) et Einhorn bien sûr, dont les superbes chemises à carreaux tournent autour de 119 Fr. Rayon tailles spéciales et service de retouches.

## Septième Étage

**10, rue du Perron (C4)**
**Lignes 2, 5, 10, 12 ou 36, arrêt Molard**
**☎ 022 310 77 70**
**www.septieme.com**
**Lun. 14h-19h, mar., mer. et ven. 10h30-19h, jeu. 12h-20h, sam. 10h30-18h.**

Pour égayer votre penderie, la très sympathique Katharina Sand, ex-journaliste de mode à New York, est allée piocher du côté des marques américaines et des créateurs suisses. Au sous-sol, vous découvrirez donc 1°) que Genève donne aussi dans le *street wear* d'avant-garde et 2°) qu'il n'y a pas besoin d'avoir un corps d'athlète pour porter les tee-shirts M. Carter ou les pantalons 3.1, superbement coupés, de Phillip Lim.

## Lygnes

**10a, rue du Marché (F5) Carouge**
**Ligne 12, arrêt Marché**
**☎ 022 300 20 50**
**www.lygnes.ch**
**Mar-ven. 9h30-18h30, sam. 9h-17h.**

Vous êtes à l'affût d'une liquette qui vous allonge la silhouette mais vous hésitez entre le tailleur du nº 31 boulevard Helvétique et celui du nº 29 quai des Bergues ? Essayez Lygnes ! Sa gamme de tissus, en provenance d'Italie, est réjouissante et la confection garantie *swissmade*. Il vous faudra juste prévoir quatre à cinq semaines de délai et 149 Fr pour une jolie chemise sur mesure. En version prêt-à-porter : 89 Fr.

## DOO DAH

On savait déjà que derrière la pratique du snowboard, il y avait tout un état d'esprit. Un *lifestyle*. Mais depuis que Thierry Kunz et le fabricant de skis Nidecker se sont penchés avec talent sur le sujet, la gamme des produits dérivés a littéralement explosé ! La nouvelle génération de planches ultra-light, qui assure plus de douceur en entrée de virage, voisine donc ici avec des accessoires très design, les sacs du Zurichois Markus Freitag (249 Fr) et des vêtements outdoor, griffés Zimtstern, que rien ne vous empêche de porter lors de la prochaine *snow parade*.

**11, rue d'Italie (C4)**
**Lignes 3, 6, 8, 10 ou 12, arrêt Rive**
**☎ 022 310 28 84**
**www.doodah.ch**
**Lun.-ven. 10h-18h30, jeu. jusqu'à 19h, sam. 9h-18h.**

# Le coin des enfants

**Votre lolita en herbe vous réclame une nouvelle barboteuse ? Pas de panique ! Genève n'est pas avare de boutiques pour futur poupons et déjà juniors. Votre agité du bocal s'ennuie ? Emmenez-le illico au Muséum, à l'atelier de bricolage ou au théâtre. Là, on lui inculquera des trucs de survie qui lui seront indispensables dans le cas, fort improbable, où il serait prisonnier des pirates. Ou d'un dragon…**

## Ice cube

**9, rue Étienne-Dumont (C4)**
**Ligne 36,**
**arrêt Bourg-de-Four**
**☎ 022 346 30 04**
**www.icecubeshop.ch**
**Mar.-ven. 10h-18h30,**
**sam. 11h-16h.**

Cette charmante échoppe, située dans la vieille ville, affiche un style plus « blondinet sage » que « rebelle sauvage ». Y sont exposés – autour de deux fauteuils valaisans que l'on dirait tout droit sortis d'*Alice au pays des merveilles* – des modèles français, estampillés IKKS ou Lily Gaufrette, mais aussi belges comme Red & Blu, très cotés auprès des bambins coquets et des préados qui ont déjà le syndrome *Pretty Woman*.

## Bac à sable

**4, rue Verdaine (C4)**
**Lignes 3, 6, 8, 10 ou 12,**
**arrêt Rive**
**☎ 022 310 62 88**
**Lun. 13h-18h30,**
**mar.-sam. 10h-18h30.**

Certains parents s'imaginent encore qu'en Suisse, on ne trouve que deux grandes tendances dans le domaine de la chaussure pour enfants : 1°) la germanique ; 2°) l'italienne. La première, dépouillée, souvent bleu nuit, costaude et tout-terrain, serait taillée pour l'aventure. La seconde, plus flashy, tirant sur le vert bambou ou le rose berlingot, ferait la cheville fine et le pied léger. Autant d'idées reçues auxquelles le Bac à sable apporte un joyeux démenti ! On y trouve en effet pêle-mêle des modèles irrésistibles (Naturino, Buckle) qui devraient faire bien des envieux dans les cours de récré.

### Kids Planet

**33, rue de Carouge (B5)**
**Lignes 1 ou 12, arrêt Pont-d'Arve**
**☎ 022 800 34 80**
**www.kidsplanet.ch**
**Lun. 14h-18h30, mar.-ven. 9h30-13h et 14h-18h30, sam. 9h30-13h et 14h-17h.**

Ils rêvent d'un bureau pivotant ou d'une bibliothèque-pont ? Vous cherchez des idées pour personnaliser leur chambrette ? Poussez la porte de Kids Planet ! Ce spécialiste de la déco de 0 à 18 ans a réuni avec bonheur des meubles modulables et évolutifs aux teintes fruitées ainsi qu'une gamme plaisante d'objets très divers (tapis et tissus coordonnés, coussins, rideaux, poubelles rigolotes, peluches à cajoler…).

### Le Carrousel

**16, rue de la Corraterie (B3)**
**Lignes 7, 12 ou 36, arrêt Place-de-Neuve**
**☎ 022 310 40 90**
**www.lecarrousel.ch**
**Lun. 13h-18h30, mar.-ven. 9h30-18h30, sam. 10h-17h.**

Pourquoi ce magasin de jouets plutôt qu'un autre ? Parce qu'il ne fait pas dans l'aérojet téléguidé ou la console Nintendo mais dans l'authentique joujou en bois. Et qu'il diffuse de bonnes marques suisses. Nos favoris ? Les fermettes démontables et chalets d'alpage en sapin, conçus par Trauffer pour faire de votre petit citadin un « fermier en herbe ». Il y a même les animaux – vaches, biquettes, chiens de berger… – et les bidons de lait qui vont avec (de 7 à 19 Fr pièce) !

### Le TMG

**3, rue Rodo (B5)**
**Ligne 15, arrêt Uni-Mail**
**☎ 022 807 31 07**
**Horaires des spectacles sur www.marionnettes.ch**
**Entrée plein tarif : 20 Fr adulte, 14 Fr enfant, 10 Fr 1-3ans.**

Le fameux Théâtre des marionnettes de Genève, créé en 1930 par Marcelle Moynier, ne ménage pas ses efforts. Chaque mise en scène fait appel à des techniques différentes, chaque marionnette est fabriquée à la main, sur place. Les bouts d'choux qui ont vu les facéties de *Till l'Espiègle* sont restés scotchés une heure durant devant la poésie des paysages en ombres chinoises et le jeu des comédiens. À partir de 1 an, selon les spectacles.

## MUSÉUM

Si vos chérubins sont las du shopping, essayez le Muséum d'histoire naturelle ! Le bâtiment ne paie pas de mine, mais il déploie tous les trésors de la faune en 315 vitrines et 241 dioramas. Vous pourrez leur montrer des espèces disparues – tels le dodo de l'île Maurice, l'émeu noir ou le tigre de Java –, mais aussi des papillons chamarrés, des méduses surréalistes et la précieuse collection de minéraux constituée par Horace Bénédict de Saussure, un des premiers explorateurs du mont Blanc (p. 17).

**1, route de Malagnou (D4)**
**Lignes 1, 5 ou 8, arrêt Muséum**
**☎ 022 418 63 00 – www.ville-ge.ch/mhng**
**Mar.-dim. 10h-17h – Accès libre.**

### Am Stram Gram

**56, route de Frontenex (E4)**
**Ligne 1, arrêt 31-Décembre**
**☎ 022 735 79 24**
**www.amstramgram.ch**
**Prix des places : de 17 à 25 Fr.**

Ce théâtre programme de vraies pièces d'auteur pour les enfants et des minispectacles malicieux et loufoques (45 min), incluant un petit déjeuner (le dim. 10h) ou un goûter (le mer. 15h45). Parmi les hits de la saison dernière : *Les bijoux de la Castafiore* !

# Chapeaux, chaussures, sacs
## et autres accessoires

**Bien sûr, il y a Aeschbach, le chausseur très populaire du cours de Rive, et une légion de maroquiniers haut de gamme. Mais Genève dispose d'autres arguments pour séduire les adeptes de la bottine en veau et de la besace en poulain : il existe en effet, dans le sillage de Walter Steiger et de William Gurtner, une poignée de créateurs auprès desquels vous pourrez glaner le meilleur de l'accessoire…**

## CHAPEAUX

### Zabo

**31, rue Saint-Joseph (F4)**
**Carouge**
**Ligne 12, arrêt Marché**
**☎ 022 301 75 76**
**www.zabo.ch**
**Mar., mer. et ven. 14h-18h30, jeu. 12h-16h, sam. 11h-17h.**

Voici une modiste sympathique, autodidacte et talentueuse, qui produit en série limitée dans son atelier de Carouge toutes sortes de couvre-chefs, ni voyants ni « mémère », offrant l'avantage d'être pliables, lavables, souvent transformables et, excusez du peu, abordables (140 Fr le tambourin en mérinos pour l'hiver, en lin pour l'été). Ils ne sont distribués qu'en Suisse et au Liechtenstein…

### Jean-Robert Gase

**10, rue des Jardins (A4)**
**Lignes 2 ou 14, arrêt Jonction**
**☎ 022 781 28 77**
**Lun., mar., jeu. et ven. 14h-19h.**

Si les mots « borsalino » ou « panama » vous donnent des gambettes, cela vaut peut-être la peine de pousser jusqu'à l'atelier, un peu excentré, de Jean-Robert Gase. Sachez toutefois que ce tailleur converti dans la casquette et le chapeau pour homme et femme expose aussi ses modèles sur le marché du samedi à Plainpalais (p. 119). Formes sympas et prix doux (entre 100 et 175 Fr).

## CHAUSSURES

### Bea Novelli

**9, rue de la Cité (B3)**
**Lignes 2, 5, 7, 10, 12 ou 14, arrêt Bel-Air**
**☎ 022 310 94 55**
**www.beanovelli.com**
**Lun. 13h-18h45, mar.-mer. et ven. 11h-18h45, jeu. 10h-19h, sam. 10h-18h.**

Star montante du haut talon, la Genevoise Bea Novelli doit son succès à un sens inné de l'esthétique et à une mule d'intérieur en brocart vénitien créée en 1995 et qui fait toujours un tabac. Depuis, elle n'a cessé de dessiner d'élégants modèles aux lignes fuselées (escarpin brodé à 289 Fr, sandale-bijou, spartiate et sac assorti…) fabriqués avec un soin infini dans son Italie natale.

## La Strada

**43, rue Ancienne (F5)**
**Carouge**
**Ligne 12, arrêt Ancienne**
**☎ 022 342 27 33**
**www.lastrada-chaussures.ch**
**Lun. 13h30-19h, mar.-ven. 10h-19h (jeu. jusqu'à 19h30), sam. 10h-17h15.**

C'est aussi d'Italie que viennent les jolies chaussures de la Strada. Ses mocassins, ses bottines tout cuir (189 Fr) et ses richelieus pour femmes conjuguent à merveille confort, finesse de la ligne, légèreté des coloris et prix raisonnables. Tout un programme…

## Walter Steiger

**55, rue du Rhône (C3)**
**Lignes 2, 3, 5, 6, 8 ou 10, arrêt Métropole**
**☎ 022 312 47 33**
**www.waltersteiger.com**
**Lun-ven. 10h-13h et 14h-18h30, sam. jusqu'à 17h.**

Avec Walter Steiger, vous entrez dans l'univers de la ballerine élégante et de l'escarpin couture. Depuis l'âge de 16 ans, ce Genevois issu d'une famille de cordonniers peaufine avec un sens aigu de la couleur de véritables sculptures au galbe harmonieux déclinées en chevreau, vernis ou croco. Onéreux (800 Fr) mais brillantissime.

## Navyboot

**32, rue du Marché (C3)**
**Lignes 2, 5, 10, 12 ou 36, arrêt Molard**
**☎ 022 310 33 14**
**www.navyboot.ch**
**Lun.-mer. 9h-19h, jeu. 9h-21h, ven. 9h-19h30, sam. 9h-18h.**

Fondée en 1991 par Bruno Bencivenga, Navyboot a le vent en poupe avec 46 boutiques à travers la Suisse et plus de 400 modèles de chaussures, pour homme et femme : des escarpins en veau (239 Fr), des bottillons semés de cristaux, des « bateaux » sport… Les plus classiques sont *swissmade*, les autres d'Italie.

## Ma vie sur Mars

**14, rue Jean-Violette (C5)**
**Lignes 1 ou 12, arrêt Pont-d'Arve**
**☎ 022 321 27 92**
**www.maviesurmars.com**
**Lun. 14h-18h30, mar.-ven. 10h-18h30, sam. 10h-17h.**

Citons enfin, pour celles qui voudraient trotter chic mais fringant, cette boutique du quartier bohème et branché des Augustins. D'abord parce qu'elle est charmante ; ensuite, parce que Sabrina Berreghis y expose avec un goût très sûr des bottines, claquettes et autres chaussures admirablement sculptées mais toujours confortables, griffées Salvador Sapena, Miho Mahui, The Jacksons, Esska, Mao…

## L'ANTRE-PEAUX

Prête pour un tour du monde en sac à main ? Chris Murner, qui a fêté en 2008 ses 25 ans de création, est une maroquinière… aventurière, stimulée par l'esthétique des années 1920, qui a déjà fait une percée remarquée sur la scène de l'accessoire avec ses demi-lunes et ses « artebags » en PVC. Le must du moment ? le sac en matière recyclée. Offrez-le-vous ! C'est trop génial et écologique.

**43, rue Ancienne (F5) – Carouge**
**Ligne 12, arrêt Ancienne**
**☎ 022 342 72 25 – www.chrismurner.ch**
**Lun.-ven. 10h-12h et 13h-19h, sam. 10h-17h.**

# Montres
## et bijoux de luxe

**Genève, capitale mondiale de l'horlogerie haut de gamme, ne manque pas de joailliers de rêve… Bien sûr, il vaut mieux éviter une tenue trop *destroy* au moment où vous sonnerez à leur porte, mais le spectacle de ces pierres précieuses et de ces bracelets finement carénés qui font le poignet si coquet vaut bien quelques concessions !**

### Franck Muller

**1, rue de la Tour-de-l'Île (B3)**
**Lignes 2, 5, 7, 10, 12 ou 14, arrêt Bel-Air**
**☎ 022 818 00 30**
**www.franckmuller.com**
**Lun.-ven. 9h45-12h et 13h45-18h30.**

C'est dans son atelier de Genthod (Watchland, 6 km au nord de Genève) que le surdoué aux mains d'or, alias Franck Muller, esquisse ses nouveaux modèles et les fabrique de A à Z : tourbillons, façonnage de l'or, cambrure des chiffres, rien n'est laissé au hasard… Résultat : de vrais chefs-d'œuvre qui plaisent autant aux globe-trotters (la Master City leur permet de connaître l'heure exacte, été comme hiver, de quatorze villes du monde dans le fuseau horaire correspondant !) qu'aux femmes élégantes : la

Casablanca, avec son cadran saumon et son galbe très harmonieux, a un charme fou. À partir de 6 600 Fr.

### F.-P. Journe

**13, place Longemalle (C3-4)**
**Lignes 2, 5, 10, 12 ou 36, arrêt Molard**
**☎ 022 810 33 33**
**www.fpjourne.com**
**Lun.-ven. 10h-18h30, sam. 10h-17h.**

On parle de lui comme du Mozart de la haute horlogerie. Il est vrai que François-Paul Journe, né en 1957 et installé à Genève depuis 1999, est parvenu à inventer des mécanismes d'un genre nouveau, tel le « double mouvement en résonance » destiné à neutraliser toute perturbation externe qui pourrait affecter le fonctionnement d'une montre. Sa dernière gamme ? L'Octa à boîtier en platine et cadran en or rose ou argent guilloché.

## Vacheron Constantin

**1, Place Longemalle (C3-4)**
**Lignes 2, 5, 10, 12 ou 36, arrêt Molard**
**☎ 022 316 17 40**
**www.vacheron-constantin.com**
**Lun.-ven. 9h30-18h30, sam. 9h30-17h.**

Cette manufacture (p. 19) a édité en 2005, à l'occasion de ses 250 ans, de superbes séries limitées qui ont fait pâlir d'envie bien des collectionneurs ! Rassurez-vous, il reste encore quelques Squelettes : ces montres délicatement ciselées, au mouvement ajouré, comptent parmi les plus fascinantes de la maison (de 30 000 à 600 000 Fr).

## Roger Dubuis

**3, rue du Rhône (B3/C3)**
**Lignes 2, 5, 7, 10, 12 ou 14, arrêt Bel-Air**
**☎ 022 321 28 28**
**www.rogerdubuis.com**
**Lun.-ven. 10h-18h30, sam. 10h-17h.**

Après les lignes Much More, Too Much et Golden Square, Roger Dubuis vient de lancer la King Square : une montre carrée et cambrée à la fois, très originale par son « squelette » et par le choix de ses matériaux (or, titane, caoutchouc et verre saphir facetté), dont le mouvement mécanique, ultra-complexe, confine au vertige. Chic, un brin ostentatoire mais sport !

## Patek Philippe

**41, rue du Rhône (C3)**
**Lignes 2, 5, 10, 12 ou 36, arrêt Molard**
**☎ 022 809 50 50**
**www.patek.com**
**Lun.-ven. 10h-18h30, sam. 10h-17h.**

C'est dans ces salons très feutrés que l'on peut acheter une Calatrava extraplate, premier grand prix d'horlogerie de Genève 2001, une montre cabriolet Gondolo à couvercle en or rose ou une Nautilus octogonale, taillée à la manière d'un hublot de navire. À partir de 15 900 Fr.

## De Grisogono

**27, rue du Rhône (C3)**
**Lignes 2, 5, 10, 12 ou 36, arrêt Molard**
**☎ 022 317 10 82**
**www.degrisogono.com**
**Lun.-ven. 9h30-18h30, sam. 10h-17h.**

Les bijoux créés par Fawaz Gruosi sont de vraies merveilles ! Sensuels, audacieux, ils explorent des matériaux d'un raffinement extrême : les boucles d'oreilles, bagues et colliers allient saphirs et émeraudes au diamant noir, pierre rarissime qui évoque le baroque et l'Orient ; les bracelets de montre sont en galuchat bordeaux, les cadrans en nacre, les aiguilles en or rose…

## Chopard

**8, rue de la Confédération (C3)**
**Lignes 2, 5, 7, 10, 12 ou 14, arrêt Bel-Air**
**☎ 022 311 37 28**
**www.chopard.com**
**Lun.-ven. 10h-12h30 et 13h30-18h30, sam. 10h-12h30 et 13h30-17h.**

Bien sûr, il y a là des montres spéciales plongée pour braver les grands fonds et des bagues plus scintillantes les unes que les autres, serties de topazes et de tourmalines. Mais ce qui fait le succès de l'entreprise familiale (elle a fêté ses 150 ans en 2010) est le Happy Diamond. Ce diamant mobile, qui évolue en toute liberté à l'intérieur des montres et bijoux, est pris dans une fine douille d'or, pour éviter qu'il ne raye le cadran, et séparé des aiguilles par une glace saphir pour ne pas gêner leur course. Génial, non ?

### LES INDÉPENDANTS

Petite révolution dans le monde de l'horlogerie : les jeunes créateurs, longtemps dans l'ombre des grands, ont enfin leur propre salon : le GTE, *Geneva Time Exhibition* (janvier) ! Côté bijoux aussi, ça bouge. David Cottier-Angeli, restaurateur de patines, n'a pas encore d'arcade mais si vous le contactez au ☎ 79 319 31 90 (mobile), il vous montrera son coquillage coquin en bronze tiré à 100 ex. ! Chez Blink (18, rue de Montbrillant, B2, ☎ 022 734 37 01, www.blinkbijoux.ch), les ludiques « bagues-culottes » affichent aussi des tirages limités mais les prix sont très accessibles. Et à Carouge, c'est Igor Siebold (p. 66) qui réalise les bijoux les plus originaux.

# Beauté
## et bien-être

**On vous aurait volontiers conseillé le superbe club de remise en forme qui a ouvert ses portes au quatrième étage de Globus, mais son Jacuzzi et ses chaises-longues sont réservés aux seuls abonnés. La situation n'est pas désespérée pour autant ! La cité du Jet d'eau a, en effet, d'autres cordes à son arc : vingt-deux salles de fitness, des instituts de beauté et des Spa de rêve, véritables « bulles de détente » où l'on pratique un cocooning bien mérité entre deux séances de lèche-vitrines.**

### Aveda Genève

**2, rue du Puits-Saint-Pierre (C4)**
**Ligne 36, arrêt Cathédrale**
**☎ 022 310 24 40**
**www.aveda-geneve.ch**
**Lun. 10h-17h, mar.-ven. 9h-18h30 (20h le jeu.), sam. 9h-18h.**

Les Genevois ont bien de la chance : ils disposent depuis 2005, juste à côté de la cathédrale, d'un centre Aveda qui les bichonne avec des bains de vapeur aromatisés et toute une gamme de soins du corps à base de plantes de très haute qualité. Une idée des prix ? 145 Fr l'enveloppement « romarin & menthe » ; 275 Fr le traitement « caribbean » de 2h, qui s'achève par un massage du cuir chevelu, idéal, paraît-il, pour contrer le décalage horaire. Plus zen…

### After the rain

**4, passage des Lions (B3/C3)**
**Lignes 2, 5, 7, 10, 12 ou 14, arrêt Bel-Air**
**☎ 022 819 01 50**
**www.aftertherain.ch**
**Lun.-jeu. 9h-21h, ven.-sam. 9h-22h.**

Cet établissement, qui s'offre un décor zenissime et des sculptures florales de Véronique Albert, est un *urban day spa*. Autrement dit, une oasis de pure relaxation, un éden vaporeux et feutré où des mains expertes vous

effleurent au yaourt, vous gomment à la noix de cajou et aux lamelles de gingembre. Tout cela dans le but avoué de vous rééquilibrer le yin et le yang. C'est un peu cher – 230 Fr les 75 min de massage thaï, 280 Fr les 90 min avec application de pierres volcaniques – mais si efficace.

## Spatio

**13, rue de la Madeleine (C4)**
**Lignes 2, 5, 10, 12 ou 36, arrêt Molard**
**☎ 022 819 40 30**
**www.spatio.ch**
**Lun.-sam. 9h-21h.**

Astrid Gast avait créé l'événement en ouvrant, il y a sept ans, au cœur de la ville, un *wellness lounge* comme on les aime – calme, souriant et, ce qui ne gâte rien, hyperpropre. Elle y propose encore un large éventail de soins décontractants et esthétiques, à décliner selon l'humeur du moment : nage à contre-courant ou balnéo antistress, hammam, massage à quatre mains (240 Fr), le tout assorti de musique douce, de pétales de roses et de jus de fruits frais. Comme sur un nuage…

## Autour du Bain

**12, rue Saint-Joseph (F4)**
**Carouge**
**Ligne 12, arrêt Armes**
**☎ 022 300 52 73**
**www.autourdubain.com**
**Mar.-ven. 10h30-18h30, sam. 10h-17h.**

Voici une échoppe comme on les aime, souriante, truffée d'accessoires pour le bain, pas trop chers et faits maison, où l'on trouve, à côté des crèmes de douche pour peau de satin, des cubes de savon ultra-doux incrustés de fleurs et d'écorces naturelles, des savons à la coupe qui seront du plus bel effet sur le rebord de votre lavabo et une pluie de confettis (de savon toujours) à 4 Fr le flacon. Entre abricot du Valais et bleuet-bergamote…

## Forever

**56, rue du Rhône (C3)**
**4e étage**
**Lignes 2, 5, 10, 12 ou 36, arrêt Molard**
**☎ 022 319 09 60**
**www.forever-beauty.com**
**Lun.-jeu. 8h-20h, ven. 8h-19h, sam. 9h-17h.**

Un petit tour d'ascenseur et vous voici transporté dans l'institut du Dr Luigi Polla, un spécialiste de la réjuvénation. Autrement dit : la prévention du vieillissement cutané. En prenant soin de réserver, vous pourrez donc tester le peeling à la vitamine C, estomper vos ridules ou réhydrater votre peau à coup de sérum au romarin !

## Parallèles

**3, Grand-Rue (C4)**
**Lignes 7, 12 ou 36, arrêt Place-de-Neuve**
**☎ 022 311 67 97**
**Mar.-ven. 10h-19h (21h le jeu.), sam. 10h-17h.**

Ce salon de coiffure, aménagé dans une ancienne galerie d'art, est une adresse sûre : on s'y presse comme à un défilé de mode, autant pour le coup de ciseau, manifestement inspiré, que pour le décor ambiant, avec sa passerelle suspendue dans une structure de verre facettée à la manière d'un diamant. Comptez de 80 à 160 Fr le balayage et 68 Fr le brushing façon Spice Girls.

### FRAGRANCES

Devinette : quel est le point commun entre Absolu de Rochas, Hot Couture de Givenchy, Nu d'YSL et Murmure de Van Cleef ? Vous donnez votre langue au chat ? Réponse du côté de la Queue-d'Arve où siège la société Firmenich, fondée en 1895 par Philippe Chuit et Martin Naef. On le sait peu – tant elle est discrète – mais cette entreprise, fleuron de l'industrie genevoise, est l'un des leaders dans le domaine des arômes et du parfum. C'est pour elle que travaillent, en grand secret, quelques-uns des meilleurs nez du monde : Jacques Cavallier, Alberto Morillas…

# Décoration d'intérieur

**Il suffit de flâner du côté de Plainpalais ou dans le quartier des Eaux-Vives pour se rendre compte à quel point les boutiques de déco et les architectes d'intérieur genevois n'ont rien de froid ni de guindé. Certains explorent le champ du décalé, du gadget cocasse et de l'esthétique yé-yé, façon pouf-haricot des sixties en polyester. D'autres cultivent le style bien plus cosy du chalet d'alpage.**

## Teo Jakob

**35, rue Saint-Victor (F4)**
**Carouge**
**Ligne 12, arrêt Marché**
**☎ 022 342 23 23**
**www.teojakob.ch**
**Mar.-ven. 10h-18h30, sam. 9h-17h.**

Tout le monde, en Suisse, connaît Teo Jakob, *la* référence dans le domaine de l'aménagement intérieur 100 % design. Depuis 1999, il expose dans deux maisons de Carouge un tourbillon fascinant de fauteuils et de canapés d'angle, de luminaires et de modules, sobres et élégants, conçus par les ténors les plus inspirés du siècle : Dondoli, Eichenberger, Haller, Magistretti, Wettstein… Un must ! Annexe au 8-10, place de l'Octroi.

## Tip's

**19, Grand-Rue (C4)**
**Ligne 36, arrêt Hôtel-de-Ville**
**☎ 022 810 40 00**
**www.tips-geneve.ch**
**Lun. 11h-18h30, mar.-ven. 10h-18h30, sam. 10h-17h30.**

Deux étages dédiés aux arts de la table et de la cuisine ! Les pros du fourneau et les abonnés aux listes de mariage y retrouveront toutes les tendances fortes du moment : du design milanais bien sûr, et des créations plus helvétiques, comme le joli poivrier en bois du Genevois Christian Geissbühler (186 Fr).

## L'Enfer Vert

**22, rue Prévost-Martin (C5)**
**Lignes 1 ou 12, arrêt Pont-d'Arve**
**☎ 022 329 90 09**
**www.enfervert.com**
**Mar.-ven. 14h-18h30, sam. 11h-17h.**

Dans la boutique de Madeleine Mayor, grande bourlingueuse devant l'Éternel, un palanquin des Indes et un coffre de monastère tibétain trônent parmi des tables basses birmanes, des bas-reliefs balinais et autres lointains objets que l'on dirait tout juste déchargés de la cale d'une jonque, un jour de mousson. Plus exotique…

## Grain de sel

**11, bd du Pont-d'Arve (C5)**
**Lignes 1 ou 12,**
**arrêt Pont-d'Arve**
**☎ 022 321 83 53**
**www.ateliers-graindesel.com**
**Mar.-ven. 10h30-18h30,**
**sam. 10h30-17h30.**

Laurent Keller est un jeune architecte d'intérieur très doué qui dessine sur mesure des tables sereines en bois d'une infinie douceur, des placards dont les portes ne claquent pas… bref, des meubles comme on les aime. Mais ce n'est pas tout : depuis l'an dernier, il vend aussi les ustensiles qui vont avec ! De la vaisselle australienne aux superbes couverts brossés de Schwartz Frères en passant par le presse-purée et la râpe à fromage, il n'a que le nec plus ultra dans le domaine des arts de la table.

## Les 3 Pinces

**19, bd du Pont-d'Arve (C5)**
**Lignes 1 ou 12,**
**arrêt Pont-d'Arve**
**☎ 022 321 23 27**
**www.les3pinces.ch**
**Lun.-ven. 11h-18h30,**
**sam. 10h-17h30.**

Depuis que Philippe Comtesse crée et diffuse des « objets singuliers », un vent de fantaisie et d'humour souffle sur les lofts genevois. Son drôle de showroom est bourré d'ustensiles détournés de leurs fonctions premières, de bibelots hybrides et débridés : ici une boîte de maquereaux des Pâquis, signée Philippe Balayin ; là des lampes-valisettes… On se demande vraiment où il va chercher tout ça !

## Collection privée

**8, place de Grenus (B3)**
**Lignes 5, 10 ou 14,**
**arrêt Coutance**
**☎ 022 738 75 69**
**Mar.-ven. 11h30-18h,**
**sam. 11h30-17h.**

Jacqueline Occelli-Oberli – Jackie pour les intimes – s'intéresse aux arts appliqués du XXe s. et elle connaît son sujet : elle a réuni dans cette arcade ce que l'on considère aujourd'hui comme des classiques du design américain et scandinave. En vrac : des luminaires, des tables des années 1950 et quelques exemplaires originaux de la Fourmi, la fameuse chaise en contreplaqué moulé du Danois Arne Jacobsen.

## LES ENFANTS TERRIBLES

Notre coup de cœur ? Cette ex-carrosserie qu'Arnaud, Fabrice et Sylvain ont transformé en galerie-bar-espace déco avec verrière amovible – un concept un peu farfelu peut-être, mais hyper sympa, qui devrait vous permettre de siroter un bon petit vin d'Émilienne Hutin ou une limonade tessinoise et de glaner des idées neuves pour votre studio. Il y a là toutes sortes d'objets recyclés… Et pour ceux qui préfèrent le neuf, des sacs Authentics designés par Marti Guixé, de la céramique de Grégoire Scalabre et des fauteuils danois en feutrine Hay. Programme des expos, concerts de jazz et dégustations sur www.les-enfants-terribles.ch

**24, rue Prévost-Martin (C5)**
**Lignes 1, ou 12,**
**arrêt Pont-d'Arve**
**☎ 022 321 85 10**
**www.les-enfants-terribles.ch**
**Mar. 9h-19h, mer.-ven.**
**9h-21h, sam. 10h-18h.**

# Grands magasins et galeries marchandes

**Dans la ville basse comme à la périphérie immédiate de Genève, ménagères économes et acheteurs compulsifs disposent d'une large palette d'enseignes plus dynamiques les unes que les autres : la Migros, l'alléchant Globus et le Bon Génie si glamour, sans parler du complexe flambant neuf de La Praille, qui devrait bientôt trouver sa vitesse de croisière. En voici sept, pour vos emplettes !**

## Les Cygnes

**16-20, rue de Lausanne (C2)
Lignes 1, 3, 5, 8 ou 14, arrêt Gare-Cornavin
☎ 022 738 59 08
www.lescygnes.ch
Lun.-mer. 8h30-19h, jeu. 8h30-21h, ven. 8h30-19h30, sam. 8h-18h.**

On s'y arrête pour recoller son talon, faire des photocopies, détacher une veste (le pressing 5 à sec se situe au niveau - 2) ou acheter de quoi grignoter dans le train. Il y a aussi un discounter (Denner) et un bon choix de chaussures chez Vögele.

## Coop City

**5, rue du Commerce (C3)
Lignes 2, 5, 7, 10, 12 ou 14, arrêt Bel-Air
☎ 022 310 77 11
www.coop.ch
Lun. 9h-19h, mar.-mer. 8h30-19h, jeu. 8h30-21h, ven. 8h30-19h30, sam. 8h30-18h.**

Sa « boutique du chocolat » croule sous des piles de barres pralinées reconnaissables entre toutes (Toblerone) et sa « galerie du vin » propose un aperçu, sommaire mais gouleyant, de la viticulture suisse, classée par cantons. Au rayon genevois : du pinot blanc de Choully et une cuvée de Peissy à des prix raisonnables. À signaler par ailleurs, la duveterie du quatrième étage, avec ses couettes Billerbeck à gros flocons de fin duvet 90 % oie 10 % plumettes (199 Fr). Plus douillet…

## Confédération Centre

**8, rue de la Confédération (C3)
Lignes 2, 5, 7, 10, 12 ou 14, arrêt Bel-Air
www.confederation-centre.ch
Lun. 12h-18h30, mar.-ven. 10h-18h30, sam. 9h-17h.**

Édifié à l'emplacement des anciens « dômes marchands », ce mall un brin clinquant, tout en marbre et en escalators, a été inauguré en 1986, l'année même où la ville célébrait les 450 ans de la Réforme. Est-ce ce péché originel ou bien le luxe intimidant de son architecture qui lui vaut d'être un peu boudé par les Genevois ? Reconnaissons-lui tout de même une vertu : l'épicerie Capocaccia (2e étage, ☎ 022 311 02 03) et son *wine bar* attenant, qui sert jusqu'à 1h du matin jambons et fromages italiens (p. 97).

## Bon Génie

**34, rue du Marché (C3)**
**Lignes 2, 5, 10, 12 ou 36, arrêt Molard**
**☎ 022 818 11 11**
**www.bongenie-grieder.ch**
**Lun.-mer. et ven. 9h30-18h45, jeu. 9h30-20h30, sam. 9h30-18h.**

Voici *le* grand magasin de prêt-à-porter qui devrait faire perdre la tête aux plus dépensières. Temple du label chic, cher et bon teint depuis 1891, le Bon Génie réunit sur 4 600 m² et sept niveaux une brochette de créateurs de renom, d'Armani à Zegna en passant par Chanel, Dolce & Gabbana et le couturier saint-gallois Akris. La déco est très élégante et l'ambiance aussi exquise que le nougat glacé au coulis de framboise

(13 Fr) servi, entre deux essayages, au 4e étage…

## Balexert

**27, avenue Louis-Casaï (HP par A1)**
**Ligne 14, arrêt Balexert**
**☎ 022 979 02 01**
**www.balexert.ch**
**Lun.-mer. 9h30-19h, jeu. 9h30-21h, ven. 9h30-19h30, sam. 9h-18h.**

Deux raisons d'opter pour ce centre commercial : c'est le plus grand de Suisse romande et il n'est qu'à 8 min en tram de Cornavin. Vous y trouverez une garderie, treize salles de cinéma et cent boutiques surapprovisionnées dont l'excellent Sportxx (1er étage) qui devrait faire le bonheur des amateurs de plein air, avec son stock de vestes en Gore-Tex Salewa, ses gants de cycliste Röckl et ses jolies bouteilles Sigg (19,90 Fr) – le nec plus ultra dans le domaine de la gourde de trekking.

## Manor

**6, rue de Cornavin (B3)**
**Lignes 5, 10 ou 14, arrêt Coutance**
**☎ 022 909 46 99**
**www.manor.ch**
**Lun.-mer. 9h-19h, jeu. 9h-21h, ven. 9h-19h30, sam. 8h30-18h.**

Vous êtes en quête de menus souvenirs ? Engouffrez-vous toutes affaires cessantes chez Manor, que beaucoup appellent encore La Placette. Il y a là des caquelons à fondue en terre cuite Rössler, des tranche-fromage et des cloches à tête-de-moine, des cosmétiques Hormeta aux extraits de plantes des Alpes suisses et un lot de tee-shirts Heidi au rayon Swiss shop…

## GLOBUS

Autant vous prévenir tout de suite : vous risquez de ne pas ressortir les mains vides de ce génial magasin qui fait la part belle à la mode et aux parfums mais aussi aux arts ménagers et à l'épicerie fine. Chaque étage est truffé d'idées cadeau faciles à glisser dans la valise : ici les toutes nouvelles ampoules intensives aux extraits de caviar La Prairie, là un havane Montechristo, ailleurs un sachet d'anneaux de pommes séchées de Thurgovie (8,20 Fr)…

**48, rue du Rhône (C3)**
**Lignes 2, 5, 10, 12 ou 36, arrêt Molard**
**☎ 058 578 50 50**
**www.globus.ch**
**Lun.-mer. et ven. 9h-19h, jeu. 9h-21h, sam. 9h-18h.**

# Marchés

**Les grands magasins vous ennuient ? Vous aimeriez prendre le vrai pouls de la ville ? Mettez le cap sur les marchés genevois ! Si chacun d'eux a sa spécificité – puces à Plainpalais, fleuristes sur la place du Molard... –, ils ont un dénominateur commun : ils respirent la bonne humeur. Surtout celui de Carouge, à l'heure de l'apéro. Là, on se promène autant pour le plaisir de tâter du reblochon fermier que de croiser quelque connaissance. À vos cabas !**

## Halle de Rive

**Entrée par le 17, rue Pierre-Fatio (D4) ou le 29, bd Helvétique (C3)**
**Lignes 3, 6, 8, 10 ou 12, arrêt Rive**
**www.halle-de-rive.ch**
**Lun.-ven. 7h30-19h, sam. 6h-16h.**

Ce marché couvert, créé en 1877, est en quelque sorte le « ventre » des Rues-Basses. Du yuppie à la ménagère, tout Genève y discute le bout de gras avec l'artisan charcutier et le fromager affineur – Philippe Muller (p. 121) – avant de passer aux fruits et légumes, et aux produits importés du Liban, d'Italie ou d'Asie via le bistrot, tout aussi animé, de Jean-Blaise, où l'on sert un solide plat du jour, genre atriaux et rösti, avec un petit blanc de derrière les fagots.

## Marché des artisans

**Place de la Fusterie (C3)**
**Lignes 2, 5, 7, 10, 12 ou 14, arrêt Bel-Air**
**Jeu. 9h-19h...**

... et pendant les deux semaines qui précèdent Noël, les artisans de la région se retrouvent entre la fontaine à obélisque et le temple de la Fusterie (édifié après le Second Refuge, p. 33), pour une petite foire aux métiers d'art. C'est le moment de faire le plein de cadeaux créatifs, originaux et ludiques : bijoux, bougies, encres de chine, sculptures végétales, marionnettes, cuirs et bois sculptés.

## Marché de Carouge

**Place du Marché (F5)**
**Carouge**
**Ligne 12, arrêt Marché**
**Mer. et sam. 7h30-14h.**

À inscrire sans faute sur votre bloc-notes ! Ces matins-là, en effet, surtout lorsque le temps est au beau, les abords de la fontaine Blavignac se métamorphosent en véritable panier garni. Véronique Kinal déballe ses confitures de coings à la cardamome et Claire-Lise Desbaillet son « péché », subtil mariage d'un sirop de pêche maison et de vins qu'elle produit dans le domaine familial des Molards à Russin. C'est frais, charmant et bon enfant. Que demander de plus ?

## Marché aux puces

**Plaine de Plainpalais (B4-5)**
**Lignes 1, 12 ou 15, arrêt Plainpalais**
**Mer. et sam. 8h-18h.**

Autre place, autre ambiance ! Autrefois marécageuse, la plaine de Plainpalais est aujourd'hui « récréative ». Il faut dire qu'elle accueille aussi bien le cirque Knie et les fêtes foraines que les accros du skate et les pros de la broc'. Deux fois par semaine, en effet, la partie sud du losange devient le terrain de jeu des puciers et des chineurs. Les étals n'ont rien de bien renversant – du surplus de l'armée suisse, quelques rouleaux de papier peint, de l'encens… – mais l'ambiance, très colorée, vaut le voyage. Et qui sait ? Peut-être tomberez-vous, au détour d'un monceau de fripes, sur une faïence fine de Carouge !

## Marché de Noël

**Place de la Fusterie, quai du Général-Guisan et rue du Mont-Blanc (C3)**
**Lignes 2, 3, 5, 6, 8 ou 10, arrêt Métropole**
**28 nov.-24 déc., t. l. j. 8h30-19h.**

Il a tout pour plaire : du vin chaud et du pain d'épices, des flocons de neige et des châtaignes grillées, des chalets de rêve et des arbres de conte de fées…

## Fruits et légumes

Vous êtes de ceux pour qui un fruit doit être de saison ? Vous n'avez d'yeux que pour les variétés autochtones et menacées ? Optez pour le marché bio qui se tient tous les jeu. de 16h à 20h30 place des Grottes (voir p. 60) ! À défaut, vous pouvez toujours vous rabattre sur les maraîchers de Plainpalais (toute l'année, mar. et ven, 8h-13h) ou de la Fusterie (mer. et sam.) : ils ont eux aussi plein de bons légumes à rendre dingos les amateurs de bio.

### CARDON

Parent de l'artichaut, l'argenté épineux de Plainpalais – pour reprendre le nom que lui donnent les initiés – aurait été introduit dans le canton par les huguenots en exil, après la révocation de l'édit de Nantes (p. 33). Les Genevois sont très attachés à ce légume ingrat de prime abord mais très délicat une fois qu'on a pris soin de le débarrasser de ses épines et de ses filaments, de le blanchir, de le découper en bâtonnets et de le cuire dans de l'eau et du lait. On le consomme généralement durant les fêtes de fin d'année, en gratin.

# Haltes gourmandes

**Vous êtes de ceux qui croient encore dur comme fer que les seules spécialités de la Suisse sont le fromage à raclette et le chocolat au lait ? Vous pourrez enfin réparer cette erreur en faisant, dans l'opulente Genève, le tour des marchands de comestibles ! Leurs étals témoignent d'une belle diversité gustative autant que… linguistique : bocaux de poires à botzies, sbrinz à raboter en rebibes… De quoi panacher vos envies !**

## Wolfisberg

**5, place du Temple (F4)**
**Carouge** **(voir p. 66)**
**Ligne 12, arrêt Marché**
**☎ 022 342 32 19**
**www.wolfisberg.org**
**Jeu.-mar. 6h30-19h.**

François Wolfisberg est une vraie vedette depuis qu'il a été élu champion d'Europe de la boulangerie en 1999. Il faut dire que ses pains sont très appétissants, du saint-gallois (3,60 Fr) à l'épi au cumin en passant par les ballons aux tomates séchées, au gruyère et noisettes, aux olives ou aux figues. Autant de petits péchés que le Tout-Carouge s'arrache sur le marché ou savoure dans le tea-room de l'arrière-salle.

## O'Saveurs

**27, quai des Bergues (C3)**
**Lignes 3, 6 ou 8, arrêt Mont-Blanc**
**☎ 022 301 90 88**
**www.osaveurs.com**
**Lun.-ven. 7h30-18h, sam. 10h-17h30.**

Chocolatiers depuis 1858, les Cartier ont une véritable passion pour les bruts de cacao pure origine et une approche assez ludique de la matière. Résultat : d'audacieuses textures qui offrent un « alliage de sensations indigènes au cœur d'une fusion d'émotions… ». Tout un programme ! P.-S. : ils font aussi de très fondantes pâtes de fruit au coing (11 Fr les 100 gr).

## Christophe Berger

**16, avenue Henri-Dunant (B5)**
**Ligne 15, arrêt Uni-Mail**
**☎ 022 329 12 02**
**Mar.-ven. 7h30-18h, sam. 7h30-17h30.**

Autre échoppe réjouissante, celle de Christophe Berger : ce pâtissier, qui connaît un vif succès auprès des *nice people* et des étudiants de la fac voisine, excelle dans l'art du praliné à l'ancienne et de la mousse pommes-gingembre (5,50 Fr, sur commande). On lui doit aussi des rochers à 70 % de cacao, plus-fondants-tu-meurs, et de délicates tartelettes aux fruits, à déguster sur place. Le top !

## Qu'importe le flacon

**45, rue Vautier (F5)**
**Carouge**
**Ligne 12, arrêt Marché**
**☎ 022 342 15 20**
**Mar. 16h-19h, mer.-ven. 10h30-14h et 16h-19h, sam. 10h-18h (f. mi-juil.–mi-août).**

Côté vin, il y a La Cave du Palais de Justice (p. 41), mais il y a aussi cette ancienne imprimerie qui a pour enseigne le célèbre vers de Musset : « Qu'importe le flacon pourvu qu'on ait l'ivresse… » Vous y trouverez quelques-unes des locomotives du vignoble genevois, dont la cuvée Noémie de Mermoud et l'excellent gamay gris 2007 (29,50 Fr) d'une viticultrice de Dardagny, Sophie Dugerdil. Le sommelier, François Groulet, saura vous piloter dans la jungle des étiquettes et vous indiquer la température idéale de dégustation.

## Auer

**4, rue de Rive (C4)**
**Lignes 3, 6, 8, 10 ou 12, arrêt Rive**
**☎ 022 311 42 86**
**www.chocolat-auer.ch**
**Lun. 10h-18h45, mar.-ven. 8h30-18h45, sam. 9h-17h30.**

Si vous êtes de ceux qui rosissent de plaisir à la vue d'une ganache, passez par cette vénérable maison : elle propose, dans un décor unique, quelque cinquante variétés de pralinés et autres bonbons au chocolat, confectionnés à la main et selon les mêmes recettes depuis cinq générations (p. 13). À tester : le pavé glacé de Genève (11,80 Fr les 100 gr).

## Philippe Pascoët

**12, rue Saint-Joseph (F4)**
**Carouge**
**Ligne 12, arrêt Armes**
**☎ 022 301 20 58**
**www.philippe-pascoet.ch**
**Lun. 13h-18h, mar.-ven. 10h30-19h, sam. 10h-17h30.**

Pas de doute : Philippe Pascoët est orfèvre dans l'art d'éveiller nos sens aux mille et une nuances du cacao. S'il a été élu meilleur chocolatier de la ville de Genève en 2008, ce n'est pas seulement parce que ses ganaches sont de purs bijoux (il leur instille des infusions d'anis étoilé, de pulpe de fruits de la passion,

de pistils de safran…), c'est aussi parce qu'il a le génie de l'orchestration des saveurs. Testez son fameux moelleux au chocolat : c'est renversant !

## Brönnimann Fils

**4, rue du Marché (F5)**
**Carouge**
**Ligne 12, arrêt Marché**
**☎ 022 342 00 79**
**www.boucherie-bronnimannfils.ch**
**Lun.-ven. 8h-12h30 et 14h30-18h30, sam. 8h-14h.**

Voici l'un des derniers bastions de la charcuterie traditionnelle où l'on apprête encore le saucisson truffé ou pistaché, l'andouillette et des spécialités locales, comme la longeole, mais aussi l'atriau, une préparation assez riche qu'en France on nomme crépinette et qui, pour être goûteuse et fine, nécessite un certain doigté.

### PHILIPPE MULLER

Avouons-le : nous avons un faible pour le stand de ce fromager. Non seulement ses tommes à croûte fleurie du pays fribourgeois sont excellentes, mais il a une sélection tout à fait pittoresque de condiments du terroir dont il se fera un plaisir de vous révéler le mode d'emploi. « La moutarde de bénichon ? On la tartine au petit déjeuner sur de la cuchaule ou de la tresse ! » À bon entendeur…

**29, bd Helvétique (D4)**
**Lignes 3, 6, 8, 10 ou 12, arrêt Rive**
**☎ 022 735 21 40**
**Lun. 14h-19h, mar.-ven. 7h30-19h, sam. 7h30-16h.**

# Cadeaux et souvenirs

**Les statistiques sont formelles : la plupart des touristes qui visitent Genève en repartent avec une tablette de chocolat. Voire deux. Ce n'est certes pas très original mais c'est moins encombrant qu'un caquelon à fondue et bien plus discret qu'un coucou qui, faut-il le rappeler, est terriblement has been et assez souvent taïwanais. Voici d'autres idées qui auront peut-être l'heur d'épater vos amis.**

## La Perspicace

**1, rue de l'École-de-Médecine (B4)**
**Ligne 1, arrêt École-de-Médecine**
**☎ 022 320 10 51**
**www.la-perspicace.ch**
**Mar.-ven. 11h-18h30, sam. 10h-17h.**

Pas besoin de courir à la foire de Bâle pour encourager la créativité helvétique ! À Genève, l'échoppe de Nicole Forzani regorge d'objets conçus par des artisans de talent, qui sont autant de petits cadeaux faciles à glisser dans votre valise. Il y a là les bracelets « pages blanches de l'annuaire téléphonique » de la Fribourgeoise Camille von Deschwanden, les carnets délicatement reliés par Sofi Eicher de Lausanne et tout une gamme de produits pour le bain originaires de Montreux : savons à la glycérine, « gelées » de douche…

## Coutellerie du Jet d'eau

**7, rue du Mont-Blanc (C3)**
**Lignes 3, 6 ou 8, arrêt Mont-Blanc**
**☎ 022 731 45 19**
**www.coutellerie.ch**
**Lun. 9h-12h30 et 13h30-18h30, mar.-ven. 9h-18h30, sam. 9h-17h.**

Un vrai filon pour les fans de couteaux suisses ! On y vend non seulement tous les modèles de base multi-usages signés Victorinox ou Wenger (à partir de 9 Fr), mais aussi des panoplies de couteaux de ménage spécial lave-vaisselle à manche en palissandre ou en polypropylène. Comptez 628 Fr pour une jolie mallette pleine de fourchettes à rôti, ciseaux à volailles, couperets, spatules coudées…

## Swatch

**40, rue du Marché (C3)**
**Lignes 2, 5, 10, 12 ou 36, arrêt Molard**
**☎ 022 311 45 42**
**www.swatch.com**
**Lun.-mer. et ven. 9h-19h, jeu. 9h-20h, sam. 9h-18h.**

Si ce nom ne vous dit rien, c'est que vous avez passé ces trente dernières années sur Mars ! Depuis 1983, en effet, le groupe Swatch a vendu plus de 350 millions de montres dans le monde. La clé de ce succès ? La nouveauté. Dans la boutique rigolote que dirige Sylviane de Marchi-Moro sont réunis mille et un modèles à choisir en fonction de l'humeur, du costume ou du rendez-vous : les séries limitées type James Bond, les Flik-Flak pour enfants (45 Fr), les Skin extraplates sans oublier la Snow pass dont la puce électronique permet de programmer votre accès aux remonte-pentes !

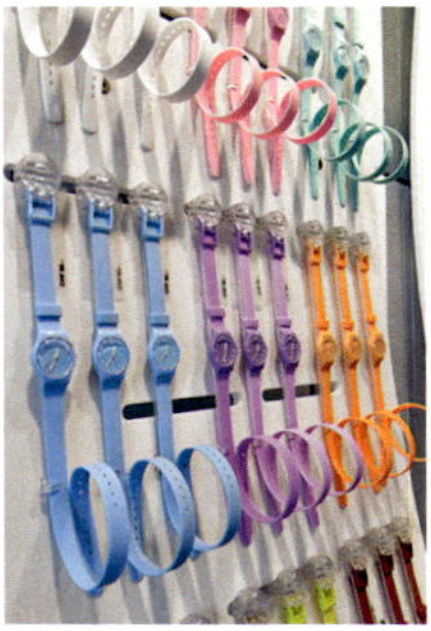

## Davidoff

**2, rue de Rive (C4)**
**Lignes 3, 6, 8, 10 ou 12, arrêt Rive**
**☎ 022 310 90 41**
**www.davidoff.com**
**Lun.-ven. 9h-18h30, sam. 9h-18h.**

Amateurs de havanes ? Faites un saut chez Davidoff ! C'est, depuis 1911, le temple du cigare roulé à la main. Diplomates et hommes d'affaires y font provision de Churchill et de Montecristo plus ou moins corsés, dont les feuilles sont issues des meilleures plantations de Saint-Domingue. Vous êtes un néophyte ? Initiez-vous à l'art de la volute en commençant par un Cerdan léger ou un minicigarillo boisé de Sumatra ! En sortant du magasin, il ne vous manquera plus que le panama et le cabriolet…

## Brachard

**10, rue de la Corraterie (B3-4)**
**Lignes 2, 5, 7, 10, 12 ou 14, arrêt Bel-Air**
**☎ 022 817 05 55**
**www.brachard.ch**
**Lun.-ven. 9h-18h30, sam. 9h30-17h30.**

C'est chez ce vénérable papetier que les dessinateurs en herbe et les artistes confirmés pourront se procurer la ligne complète des craies, gouaches, feutres… conçus depuis 1924 par la célèbre firme genevoise Caran d'Ache (dont le nom, soit dit en passant, dérive du russe karandach qui signifie crayon). Si le prix de certains articles – le porte-plume haut de gamme Léman par exemple – vous paraît prohibitif, vous pouvez toujours vous rabattre sur une boîte de Néocolors applicables sur tous matériaux.

## Fleuriot

**26, rue de la Corraterie (B3-4)**
**Ligne 7, arrêt Bovy-Lysberg**
**☎ 022 310 36 55**
**www.fleuriot.ch**
**Lun.-ven. 7h30-18h45, sam. 8h-17h.**

Fleuriot est peut-être moins renommé que le fleuriste de la place des Philosophes (Les Augustins) mais il a le chic pour composer d'irrésistibles bouquets de table, des paniers champêtres et de ces délicates attentions qui font toujours plaisir. Ses points forts : les sublimes orchidées Montreux à 70 Fr le fleuron ! Annexes à la gare Cornavin et à l'aéroport.

### LE COUTEAU SUISSE

Idéal pour le pique-nique, le couteau d'officier a été inventé en 1897 par un artisan du canton de Schwyz, Carl Elsener, qui était fournisseur de l'armée. Aujourd'hui, ce génial outil de poche est toujours aussi léger, robuste et inoxydable mais il ne se contente plus de jouer les décapsuleurs. L'entreprise Wenger, implantée à Delémont, produit 22 000 couteaux par jour en moyenne, dont le petit Surdoué, doté à lui seul de 32 fonctions : scie à bois, lime à métaux…

# Les antiquaires genevois

**Parmi les nombreux antiquaires qui égrènent leurs vitrines du côté du Bourg-de-Four, il en est qui affectionnent le galuchat et le placage de Macassar. Et d'autres qui préfèrent les opalines et les tableautins romantiques. Mais tous ont un goût très sûr et des pièces de grande qualité, qui pourraient faire la une de la *Gazette des Beaux-Arts*. De quoi séduire les chineurs les plus exigeants !**

## Galerie Grand-Rue

**25, Grand-Rue (C4)**
**Ligne 36,**
**arrêt Hôtel-de-Ville**
**☎ 022 311 76 85**
**www.galerie-grand-rue.ch**
**Lun. 14h-18h30, mar.-ven. 10h-12h et 14h-17h30, sam. jusqu'à 17h.**

Il était de tradition, dès la fin du XVIII^e^ s., que les peintres se pressent, carnet de croquis en poche, vers les sites les plus remarquables de la région pour en saisir le sauvage caractère ou la douce mélancolie. Bon nombre de leurs aquarelles et gravures sont aujourd'hui exposées, à côté de gouaches napolitaines, chez Marie-Laure Rondeau, qui s'emploie à les classer par thèmes : les glaciers des Alpes, les rives du Léman… Comptez 250 Fr pour une *Vue de Genève depuis la villa Diodati*, demeure de Lord Byron.

## Antiquités scientifiques

**19, rue du Perron (C4)**
**Lignes 2, 5, 10, 12 ou 36, arrêt Molard**
**☎ 022 310 07 06**
**www.perret-antiques.ch**
**Lun.-ven. 10h-12h30 et 13h30-18h30, sam. 11h-14h.**

Marc-André Perret, qui tient les rênes de cette boutique des plus pointue, avait commencé au début des années 1960 à collectionner des baromètres. Aujourd'hui, il est le seul antiquaire du canton qui se voue corps et âme à l'univers (complexe) des instruments anciens, qu'ils soient optiques, de marine ou médicaux. Il a des bésicles en fil de cuivre, divers cornets acoustiques, quelques inhalateurs de poche… et un set à détartrer les dents qui n'attend que vous, depuis le XIX$^{e}$ s., pour entamer une seconde carrière.

## Objet

**14, rue du Perron (C4)**
**Lignes 2, 5, 10, 12 ou 36, arrêt Molard**
**☎ 022 310 52 60**
**Lun.-mar. et jeu.-sam. 14h30-18h30.**

C'est surtout grâce à ses fragiles opalines des XVIII$^{e}$ et XIX$^{e}$ s. qu'Objet s'assure une place plus qu'honorable au hit-parade des antiquaires. Il est vrai que cette substance vitreuse est empreinte d'une infinie poésie lorsqu'elle s'allie à une monture de bronze pour composer un flacon délicat aux mille et une nuances de l'ambre et du céladon : bulle-de-savon, eau-de-riz…

## Pierre Berndt

**34-36, Grand-Rue (C4)**
**Ligne 36, arrêt Hôtel-de-Ville**
**☎ 022 311 74 85**
**www.pierreberndt.ch**
**Lun.-ven. 14h-18h30, sam. 10h-12h et 14h-17h.**

Bienvenue dans le royaume magique de Pierre Berndt, spécialiste en encadrements et cadres anciens – il en a près de 5 000 (!) – qu'il restaure dans son atelier de Carouge (19, rue Jacques-Dalphin). Non seulement ils sont de toute beauté, mais il les connaît comme sa poche : les cadres italiens du XVII$^{e}$ s. noir et or, les cadres français à godrons ou à rinceaux

feuillagés, les *tondi* (de forme ronde ou ovale) dorés à la *mecca*… Du grand art ! Prix pas plus gourmands qu'ailleurs.

## Galerie Tonon

**9, bd du Théâtre (B4)**
**Lignes 7, 12 ou 36, arrêt Place-de-Neuve**
**☎ 022 310 58 50 ou mobile ☎ 079 542 66 90**
**www.galerie-tonon.com**
**Mar., jeu. et ven. 10h30-12h et 14h30-18h30, mer. 14h30-18h30, sam. 14h30-17h.**

Une fois l'an, cette galerie fondée par Paolo Tonon organise une exposition consacrée à la peinture suisse, et plus particulièrement à l'école genevoise du XIX$^{e}$ s. À voir : des œuvres de Calame, Diday et Toepffer (p. 17) que les amateurs retrouveront ici tout au long de l'année, à côté de tableaux allemands et italiens, de paysages du Vaudois Alfred Chavannes (1836-1894), de commodes Empire et d'exquises crédences en bois marqueté…

## Antiquorum

**3, rue du Mont-Blanc (C3)**
**Lignes 3, 6 ou 8, arrêt Mont-Blanc**
**☎ 022 909 28 50**
**www.antiquorum.com**
**Lun.-ven. 9h-13h et 14h-18h.**

Fondée en 1974 par Osvaldo Patrizzi, la maison Antiquorum – qui a adjugé une Patek Philippe de 1939 pour 6 600 000 Fr (le prix le plus élevé jamais atteint pour une montre-bracelet !) – est la pionnière des ventes aux enchères dans le domaine de l'horlogerie. Son staff organise quatre ventes par an à Genève et offre aux amateurs la possibilité d'enchérir en temps réel sur www.antiquorum.com

### ADJUGÉ !

L'aventure « salle des ventes » vous démange ? Si les plus grands marchands de la planète et la *short list* des collectionneurs les plus fortunés se retrouvent à Genève en mai et en novembre pour les enchères de Christie's (8, place de la Taconnerie, C4) et de Sotheby's (13, quai du Mont-Blanc, C2-3), les chineurs au budget serré ne sont pas en reste : quatre fois par an, le commissaire-priseur Bernard Piguet met à l'encan plus de 2 000 lots d'objets d'art à l'hôtel des ventes (51, rue Prévost-Martin, C5 – ☎ 022 320 11 77, www.hoteldesventes.ch). Des meubles de style Henri II, des pendules neuchâteloises du XVIII$^{e}$ s…

# Livres, BD,
## partitions et vidéos

**Rassurez-vous : personne, ici, ne vous obligera à lire les vingt volumes de correspondance de Jean-Jacques Rousseau ou les 16 900 pages du *Journal intime* de Frédéric Amiel (1821-1881). Il y a, dans les librairies de Genève, de superbes albums et plein de livres de chevet moins monumentaux à feuilleter en toute quiétude.**

### Les mots et les notes

**4, rue du Temple (B3)**
**Lignes 1, 7 ou 15, arrêt Isaac-Mercier**
**☎ 022 738 63 00**
**www.lesmotsetlesnotes.ch**
**Mar.-ven. 10h-12h30 et 13h30-18h30, sam. 10h-16h.**

Depuis dix-sept ans, Sylvie Blanc participe à la longue tradition musicale du quartier de Saint-Gervais : à un saut de puce de la rue des Corps-Saints où se sont établis le luthier Claude Gillioz et le disquaire Au Ménestrel, sa librairie est le repaire favori des surdoués du piano. La tendance est donc à la partition (à partir de 20 Fr) mais elle a aussi de très bons ouvrages sur les compositeurs de la région lémanique – Holliger, Honegger, Huber, Martin… – et quelques recueils de mélodies populaires suisses.

### Payot

**5, rue de Chantepoulet (B3/C3)**
**Lignes 3, 6 ou 8, arrêt Chantepoulet**
**☎ 022 731 89 50**
**www.payot.ch**
**Lun.-mer. et ven. 9h30-19h, jeu. 9h30-20h, sam. 9h30-18h.**

Payot a un bon rayon cartes : certaines conçues pour celles et ceux qui voudraient se balader à pied ou à vélo dans le canton. Et d'autres, éditées par l'Office fédéral de topographie, qui sont de véritables chefs-d'œuvre. Sentiers d'alpage, bosquets, versants exposés au soleil… : rien n'y manque. Normal : vous êtes en Suisse et, depuis le général Dufour, aucun autre pays au monde n'a été cartographié avec autant de précision.

### Slatkine & fils

**5, rue des Chaudronniers (C4)**
**Ligne 36, arrêt Saint-Antoine**
**☎ 022 310 04 76**
**www.slatkine.ch**
**Mer.-ven. 10h-17h.**

Cette enseigne, fondée à la fin de la Première Guerre mondiale par Mendel Slatkine et spécialisée dans le rachat de fonds de livres anciens, a un net penchant pour la région. Vous n'aurez donc aucune peine à y dénicher un ouvrage épuisé sur la cuisine du Léman ou sur Carouge à la Belle Époque. Également disponible : le portfolio du poète vaudois Gustave Roud (1897-1976), connu pour son *Petit traité de la marche en plaine*. Un régal !

## Archigraphy

**1, place de l'Île (B3)**
**Lignes 2, 5, 7, 10, 12 ou 14, arrêt Bel-Air**
**☎ 022 311 60 08**
**www.archigraphy.ch**
**Lun.-ven. 10h-19h, sam. 10h-18h.**

De beaux albums-photos, vous en trouverez aussi chez Archigraphy, jeune librairie qui fait la part belle au graphisme, au design et à l'architecture. Tous styles confondus : les deux tomes sur les maisons de campagne genevoises du XVIII$^{e}$ s. et les travaux de l'historien d'art Henri Stierlin côtoient ici la monographie de Jean-Marc Lamunière, les manuels d'un dynamique éditeur de Lucerne (Quart) et le tout dernier essai consacré à l'architecte des Grisons Gion Caminada.

## Librairie des Auteurs suisses

**8, rue Hugo-de-Senger (B5)**
**Ligne 15, arrêt Uni-Mail**
**☎ 022 320 23 23**
**Lun.-sam. 11h-17h.**

Une journée ne lui suffira peut-être pas à mettre la main sur le livre que vous cherchez mais il vous le trouvera, c'est sûr, « fût-ce un traité sur la

fabrication des arbalètes ». « Il », c'est le maître des lieux à la barbe de pope, l'infatigable Roland Tolmatchoff, Ukrainien d'origine. Son antre, à des années-lumière des rayons de la Fnac, donne le tournis mais on y respire à pleins poumons le meilleur des lettres romandes : Nicolas Bouvier, Ella Maillart, Yves Laplace...

## Aker

**10, place de Grenus (B3)**
**Lignes 5, 10 ou 14, arrêt Coutance**
**☎ 022 731 08 12**
**www.aker.ch**
**Lun.-ven. 10h30-18h30, sam. 11h-17h30.**

Bonne nouvelle pour les cinéphiles ! La boutique de Chantal Rime, spécialisée en « cinéma des cinq continents », a toujours en stock, à des prix intéressants, tout plein de DVD de réalisateurs helvétiques : *Les Petites Couleurs* de Patricia Plattner, *On dirait le Sud* de Vincent Pluss, *La Guerre dans le Haut-Pays* avec Marion Cotillard...

## Papiers Gras

**1, place de l'Île (B3)**
**Lignes 2, 5, 7, 10, 12 ou 14, arrêt Bel-Air**
**☎ 022 310 87 77**
**www.papiers-gras.com**
**Lun.-ven. 12h-19h, sam. 10h30-18h30.**

Même si les noms de Tom Tirabosco et Frederick Peeters ne vous disent rien (p. 35), montez chez Papiers Gras : la vue sur le Rhône y est imprenable et c'est *the* vitrine de la bande dessinée genevoise. Roland Margueron connaît le sujet sur le bout des doigts et saura vous aiguiller dans la jungle des bulles, entre *Calvin revient* et *Frankenstein encore et toujours*...

## FONDATION MARTIN BODMER

Vous avez le goût du livre rare et de la belle reliure ? Cette bibliothèque privée – l'une des plus grandes du monde – devrait vous plaire ! Fondée par Martin Bodmer (1899-1971), un philanthrope zurichois passionné de Dante, Shakespeare et Homère, elle conserve, à l'intérieur d'un écrin souterrain signé Mario Botta, 160 000 éditions originales et précieux manuscrits.

**19-21, route du Guignard (HP par F2) – Cologny**
**Ligne A (depuis Rive), arrêt Cologny-Temple**
**☎ 022 707 44 33 – www.fondationbodmer.ch**
**Mar.-dim. 14h-18h – Entrée plein tarif : 15 Fr.**

# Les bonnes affaires

**Il faut bien l'avouer : la pratique du *hard discount* est peu répandue à Genève et les magasins d'usine sont encore très périphériques, n'en déplaise à celles et ceux qui ont le culte du « tout à 20 francs ». On pourrait bien sûr se consoler en quadrillant le Grand-Bazar de Caritas ou la Renfile du Centre social protestant à Plan-les-Ouates. Mais il existe, pour les fins de série et le second hand griffé, une adresse plus fun et plus centrale : le quartier des Pâquis !**

## L'Aubaine

**23, rue des Pâquis (C2)**
**Ligne 1, arrêt Monthoux**
**☎ 022 731 87 31**
**www.caritasge.ch**
**Lun.-jeu. 11h-16h,**
**ven. 11h-17h30.**

Commencez par la boutique de seconde main que Caritas Genève – ce service social qui aide les personnes en difficulté – vient d'ouvrir dans le quartier des Pâquis ! Bien sûr, le choix n'est pas aussi vaste qu'au Grand-Bazar Caritas – le dépôt situé au 47 de la rue de Carouge (☎ 022 328 02 47, lun. 14h-18h, mar.-ven. 10h-18h) – mais il arrive qu'il y ait là, à L'Aubaine, des vêtements indémodables en parfait état.

## Hazard

**34, rue de Monthoux (C2)**
**Ligne 1, arrêt Monthoux**
**☎ 022 731 36 59**
**Lun. 14h-18h30, mar.-ven. 10h-18h30, sam. 10h-17h.**

Hazard est une boutique tout ce qu'il y a de plus accueillant et pas snob pour deux sous (on est au cœur des Pâquis), où les élégantes qui veulent faire de la place dans leur armoire déposent les habits qu'elles ne portent plus. Résultat : un bel éventail de street wear griffé, jeune et mode, à prix abordables, qui devrait rallier bien des suffrages.

## La Case à Max

**19, rue de la Navigation (C2)**
**Ligne 15, arrêt Môle**
**☎ 022 741 11 21**
**www.second-hand-geneve.ch**
**Lun. 14h-18h30, mar.-ven. 10h-18h30, sam. 10h-17h30.**

On suggère aux petits futés qui auraient écumé les boutiques pour hommes des Pâquis de passer par la Case à Max ! Il n'est pas dit qu'ils aient *le* pull Armani en lin dont vous rêvez, mais il y a là toutes sortes de vêtements de marque neufs à prix cassés (55 %) et des blousons peu portés prêts pour un nouvel usage.

## La Fringue-Halle

**2, rue de Zurich (C2)**
**Ligne 1, arrêt Monthoux**
**☎ 022 732 58 34**
**www.caritasge.ch**
**Mar.-sam. 11h-19h.**

Décidément, les Pâquis sont une mine pour s'habiller de pied en cap à peu de frais. Depuis 2006, ce dépôt-vente se distingue par ses vêtements de qualité et ses accessoires de mode, griffés pour la plupart. Si vous cherchez plus chic et plus glamour, visez le Numéro 6 à Carouge (6, rue Saint-Victor, ligne 12, arrêt Armes, ☎ 022 342 21 30, www.numero6.ch, mar.-ven. 10h30-19h, sam. 10h30-15h). C'est aussi un dépôt-vente mais… de luxe !

## Le Mouton à 5 pattes

**57, rue du Rhône (C3/D3)**
**Lignes 2, 3, 5, 6, 8 ou 10, arrêt Métropole**
**☎ 022 311 22 66**
**www.moutona5pattes.com**
**Lun.-mer. et ven. 10h-18h30, jeu. 10h-19h30, sam. 10h-18h.**

La chasse aux « actions » passe aussi par cet *outlet* qui affiche des labels internationaux – Blumarine, Just Cavalli, Ferrè, Moschino Jeans, Tussardi, D & G, Thierry Mugler… – à des prix tellement incroyables qu'on en oublierait presque la foule ! Certes, il n'y a pas toutes les tailles ni tous les coloris – c'est la loi du genre –, mais si vous vous donnez la peine de fouiller parmi les cintres très… compactés, vous tomberez peut-être sur l'affaire du siècle !

## Pompes funèbres

**19, rue de la Corraterie (B3-4)**
**Lignes 7, 12 ou 36, arrêt Place-de-Neuve**
**☎ 022 310 04 90**
**www.pompitup.com**
**Lun. 12h-19h, mar.-ven. 10h30-19h, sam. 10h-18h.**

Vous faites partie de ces pros du discount qui traquent la chaussure à petit prix ? Essayez les Pompes funèbres ! C'est un vrai filon : selon

les arrivages, on pourra jeter son dévolu sur des Ben Henn à motifs poker, des Blink violettes ou des Keds à cerises sur carrés noirs et blancs. Dans tous les cas, c'est jeune, branchouille et très couru.

## Cumulus

**5, rue des Étuves (B3)**
**Lignes 5, 10 ou 14, arrêt Coutance**
**☎ 022 732 81 12**
**Lun. 11h-19h, mar.-ven. 10h-19h, sam. 10h-17h30.**

Vous collectionnez tous les albums de Zep ? Vous avez déjà écumé les bouquinistes de la place de la Fusterie (B3, le vendredi matin) et ceux de la Madeleine (C3, t. l. j. en été) à la recherche d'une « bande utopique à lire dans son bain » ? Faites un tour dans cette librairie dont l'excellent stock recèle Alex Baladi, Jean-Philippe Kalonji, les éditions Drozophile…

## INTERDISCOUNT

Cette chaîne omniprésente en Suisse – on compte neuf boutiques rien qu'à Genève – pratique des prix d'autant plus attractifs que la TVA sur la hi-fi, les PC et la photo est moins élevée de ce côté-ci de la frontière. Pour 99 Fr, vous aurez droit à un appareil photo numérique avec zoom grand angle. Et pour 6,95 Fr, une clé USB de 4 Go ! Annexes aux n^os^ 8, rue de Rive (C3) et 20, rue de Lausanne (B2).

**46, rue de Carouge (B5)**
**Lignes 1 ou 12, arrêt Pont-d'Arve**
**☎ 022 800 02 61 – www.interdiscount.ch**
**Lun.-ven. 9h-19h, sam. 9h-17h.**

# Sortir mode d'emploi

**Vous avez manqué la fameuse fête de l'Escalade du 11 décembre avec sa soupe fumante, son vin chaud et ses marmites en chocolat remplies de légumes en massepain ? Pas de panique ! Tout au long de l'année, vous trouverez de quoi occuper vos soirées à Genève : un ballet au BFM, un concert d'orgue à la cathédrale ou un récital de flûte à bec et basson à l'église luthérienne de la rue Verdaine…**

## Où sortir ?

Tous ces spots sont situés dans un périmètre restreint et très facilement accessibles à pied, tram ou bus. Il en va de même des clubs *urf* et des lounges chic des Rues-Basses : ils sont concentrés aux abords du rond-point de Rive et de la rue du Rhône. Quant aux dance-floors les plus courus, ils sont répartis de part et d'autre du fleuve, plus « VIP » côté Seujet, plus débridé côté Forces motrices. Autre zone *ad hoc* pour une virée nocturne : les Pâquis. Non seulement le fameux Palais Mascotte a rouvert ses portes, mais ce quartier animé et volontiers coquin est toujours le lieu de rendez-vous où les jeunes branchés se retrouvent avant de décider des possibles afters : il y a là une multitude de bars à champ' et de cabarets un peu moites sans grand intérêt mais d'excellents cafés et des lounges comme le Scandale (24, rue de Lausanne) réputé pour ses soirées vintage hautes en couleur. Cela dit, le pôle le plus « noceur », incontestablement, reste Carouge où l'on dénombrait déjà, en 1780, 143 débits de boisson… au grand dam des Genevois qui ne voyaient

### SE REPÉRER

Nous avons indiqué pour chaque adresse Séjourner sa localisation sur le plan général (B2, G8…). Pour un repérage plus facile en préparant votre week-end ou lors de vos balades, nous avons signalé sur le plan par un symbole jaune toutes les adresses de ce chapitre, sauf les hôtels. Le numéro en jaune signale la page où elles sont décrites.

dans la cité sarde qu'un lieu de perdition. Si vous prenez le tram jusqu'à la rue Ancienne ou la rue Vautier, vous aurez donc tout loisir de vérifier la contenance des chopes (elles mesurent ici 2,5 *déci*) avant de rentrer en noctambus !

## Programme

Vous trouverez dans les pages culturelles du quotidien *La Tribune de Genève* (www.tdg.ch) et dans le supplément Sortir du *Temps* (www.letemps.ch), qui paraît le jeudi, les programmes des théâtres, des cinémas et des concerts ainsi que des infos pratiques sur les différents spectacles. De son côté, Genève Tourisme publie chaque mois une brochure gratuite, le *Genève Agenda,* qui recense les principales manifestations, classées par genres.
Les cinéphiles internautes se reporteront au site www.cinemas.ch

## Billets

L'Arcade d'information de la Ville de Genève (p. 54), qui est décidément une mine pour les touristes désorientés ou en quête d'informations tous azimuts, assure (lun. 12h-18h, mar.-ven. 9h-18h, sam. 10h-17h) la vente des billets pour toutes sortes de spectacles. Vous pouvez aussi vous adresser au Ticket Corner du magasin Globus (voir p. 117 ; lun.-ven. 9h-19h, jeu. jusqu'à 21h, sam. 9h-18h), à la Fnac de la rue de Rive, ou passer un coup de fil à la billetterie de l'Alhambra (lun.-ven. 10h-18h, sam. 10h-17h ; l'appel est gratuit ☎ 0800 418 418 ou ☎ 022 418 36 18). Autre central de réservations par téléphone : le Ticket Corner Call Center, ☎ 0900 800 800.

## *Dress code*

Il y a une quinzaine d'années encore, les Genevois(es) s'habillaient smart pour aller au concert ou à l'opéra. Aujourd'hui, le style se veut plus décontracté mais reste très urbain. On évitera donc tout… laisser-aller. L'usage veut aussi que l'on soigne son look avant de se présenter aux portes des discothèques les plus classe. Le bon sens, en revanche, veut que l'on opte pour une tenue tout-terrain si l'on compte aller à l'Usine écouter Billy Baer, le nouveau rappeur de la scène suisse, ou le dernier florilège d'électronique romande conçu par le label genevois Mental Groove. Cela vaut aussi pour les concerts gratuits qui sont donnés, en plein air, dans le parc La Grange (en juil.-août à 20h30). Hormis quelques clubs collet monté fréquentés par des hommes d'affaires et des diplomates internationaux, l'ambiance est donc plutôt bon enfant. Vous constaterez très vite que les « physios » sont ici plus courtois qu'ailleurs et les décibels moins fracassants. Inutile donc d'apporter des boules Quiès pour limiter le stress.

## Sécurité

Genève est encore l'une des villes d'Europe où il y a le moins de vols et d'agressions. Même à une heure tardive, la criminalité avoisine le niveau zéro. Vous pouvez donc y déambuler sans crainte.

### GENÈVE GRATUITE

Vous pourrez vous procurer à l'Arcade d'information de la Ville de Genève (p. 54) un agenda des concerts, animations et spectacles gratuits de l'été. Quelques pistes pour sortir sans bourse délier.
- **Toute l'année le mardi :** la cave de l'AMR-Sud des Alpes (p. 134) propose des concerts gratuits.
- **Mai ou juin :** festival de chanson française dans le parc de la villa Bernasconi (8, route du Grand-Lancy, HP par B5, ligne 15, arrêt Lancy-Mairie, www.lancy.ch).
- **Juin :** pendant cinq jours avant les grandes vacances, l'AMR donne vingt-cinq concerts gratuits aux Cropettes (p. 61).
- **Juil.-août :** les dimanches et lundis à 18h30, concerts gratuits à l'église Saint-Germain (11, rue des Granges, C4) ; le samedi à 17h, concerts gratuits à la cathédrale Saint-Pierre ; aubes musicales aux bains des Pâquis (on y danse gratos les vendredi et dimanche à 6h du… matin) ; Ciné-transat à la Perle du lac (projections dès la tombée de la nuit) et Musiques colorées sur la scène Ella-Fitzgerald (p. 80).
- **Août :** le cinéma Spoutnik (4, place des Volontaires, B3, www.spoutnik.info) organise des projections gratuites en plein air.
- **Septembre :** cinq jours de concerts gratuits au Vernier Festival en plein cœur du vieux Vernier.
- **Novembre :** le dimanche à 17h, concerts gratuits à l'église Sainte-Croix et au temple de Carouge (p. 67).

# Bars de nuit, jazz nightclubbing...

*1 - Palais Mascotte*
*2 - Palais Mascotte*
*3 - Lawrence d'Arabie*
*4 - Salons de Théophile*

## BARS DE NUIT

### De part et d'autre de la place de Neuve

#### Salons de Théophile

**13, rue de la Cité (B3/C3)**
**Lignes 2, 5, 7, 10, 12 ou 14, arrêt Bel-Air**
**☎ 022 310 30 23**
**www.salonstheophile.com**
**Mar.-jeu. 17h-minuit, ven.-sam. 17h-2h.**

C'est l'un des bars les plus agréables de Genève. Si cosy que l'on resterait scotché des heures durant dans l'un de ses fauteuils club, à rêvasser devant les murs lie-de-vin, tout en savourant un Moët & Chandon accompagné d'une crème de châtaigne. Le top !

### Au fil du Rhône

#### L'Omnibus

**23, rue de la Coulouvrenière (B3)**
**Lignes 1, 14 ou 15, arrêt Stand**
**☎ 022 321 44 45**
**www.omnibus-cafe.ch**
**Mar.-jeu. 10h-minuit, ven.-sam. 10h-2h.**

L'Omnibus, c'est à la fois une pinte (bistrot) à la lumière très tamisée côté Coulouvrenière, un restaurant et un bar bien cool, côté Rhône, qui distille ses lueurs bleutées juste en face du BFM. Les noctambules pourront donc y faire d'une pierre deux coups avant d'aller s'éclater en boîte.

### Quartier des Bains

#### Café Sud

**14, rue de l'École-de-Médecine (B5)**
**Ligne 1, arrêt École-de-Médecine**
**☎ 022 329 05 50**
**Lun.-sam. 8h30-2h, dim. 16h-minuit.**

Des bières artisanales de Genève, vous en trouverez aussi dans cet excellent bar à tapas du quartier des Bains, qui est un peu le *stamm* des gens de la télé (les studios de la TSR sont à deux pas). Croque-monsieur à 8 Fr et Wifi gratuit (8h-18h). Si c'est bondé, essayez la Ferblanterie au nº 8. C'est aussi dynamique !

## Saint-Gervais

### Le Phare

**3, rue Lissignol (B3/C3)**
**Lignes 5, 10 ou 14, arrêt Coutance**
**☎ 022 741 15 35**
**www.le-phare.ch**
**Lun.-sam. 15h-2h, dim. 17h-2h.**

Vous connaissez déjà le Nathan du quartier des Grottes (6, rue Baudit, mar.-sam. 20h-2h) ? Essayez Le Phare, très « hétérofriendly », du quartier de Saint-Gervais ! C'est tout petit mais chaleureux en diable et l'on peut y étancher sa soif sur une bande-son plutôt éclectique. Terrasse en été, conso à partir de 3 Fr.

## Les Pâquis

### Café Art's

**17, rue des Pâquis (C2)**
**Ligne 1, arrêt Monthoux**
**☎ 022 738 07 97**
**Lun.-ven. 11h-2h, sam.-dim. 8h-2h.**

Au cœur des Pâquis, Marie-Claude et Éric ont réussi à créer, avec quelques guirlandes, des tableaux et un vieux comptoir, un bar très convivial, anti-vague à l'âme, où une faune d'habitués, jeunes et décontractés, se retrouve pour une bière au chanvre bio (8,50 Fr), une salade et une compil' pétillante, syncopée sans excès.

### Palais Mascotte

**43, rue de Berne (C2)**
**Ligne 15, arrêt Môle**
**☎ 022 741 33 33**
**www.palaismascotte.ch**
**Mar.-sam. 18h-5h, dim.-lun. 22h-5h.**

Haut lieu du quartier des Pâquis depuis 1887, le palais Mascotte a plusieurs cordes à son arc. D'abord, il fait dîner-spectacle à l'étage (89 Fr), puis cabaret burlesque au rez-de-chaussée (cocktails à partir de 20 Fr) et enfin, dancing au sous-sol (le zazou club, de minuit à 5h). Il y a même des concerts de jazz manouche et du « balcanico-klezmer urbain des campagnes ».

### Nobel

**11, quai du Mont-Blanc (C2-3)**
**Lignes 3, 6 ou 8, arrêt Mont-Blanc**
**☎ 022 909 60 70**
**www.hoteldelapaix.ch**
**T. l. j. 10h-1h.**

Le vénérable Hôtel de la Paix, conçu en 1865 par le Genevois Jean-Marie Gignoux, a été élégamment relifté par Sybille de Margerie. Résultat : des chambres en envolées de pétales de rose ou gouttes d'eau géantes avec salles de bains intégrées, mais aussi un agréable bar, le Nobel, décoré dans les tons olive et violine, où l'on sert des plats très variés et des goûters gourmands. Fumoir séparé.

### The Leopard Lounge

**17, quai du Mont-Blanc (entrée par la rue de Monthoux, C2)**
**Ligne 1, arrêt Monthoux**
**☎ 022 906 55 36**
**www.dangleterrehotel.com**
**T. l. j. 17h30-2h.**

Le très chic bar de l'hôtel d'Angleterre est l'endroit idéal pour tous ceux qui redoutent néons et rythmes effrénés. Tout s'y passe en effet dans le meilleur des mondes possibles : le cadre est feutré, la musique douce et la palette de whiskies digne d'un club anglais. En prime : des cigares *habanos* !

## Au cœur des Eaux-Vives

### La Bohème

**36, bd Helvétique (D4)**
**Lignes 3, 6, 8, 10 ou 12, arrêt Rive**
**☎ 022 700 46 00**
**Lun.-sam. 9h-2h, dim. 10h-2h.**

Un classique, difficilement classable (quelque part entre le pseudo-exotique et le néokitsch) mais très animé, où l'on voit (si, si !) des cadres en goguette danser sur les tables. Les filles qui ressemblent à Jennifer Lopez peuvent espérer s'y faire payer une coupe de champ'.

### Soleil Rouge

**32, bd Helvétique (D4)**
**Lignes 3, 6, 8, 10 ou 12, arrêt Rive**
**☎ 022 700 00 24**
**www.soleilrouge.ch**
**Lun.-mer. 17h-23h, jeu.-sam. 17h-minuit.**

La mode étant au *wine bar*, autant vous indiquer le plus sympa. Allez-y à l'heure où les yuppies y desserrent la cravate. Ou plus tard, quand l'ambiance se fait survoltée. Dans les deux cas, la déco est sobre et le vin espagnol : Hacienda Monasterio, Rio Pesquera, Baron de Magaña... Le tout se sirote sous un plafond façon paillote.

### Lawrence d'Arabie

**5, rue Duchosal (D4)**
**Lignes 3, 6, 8, 10 ou 12, arrêt Rive**
**☎ 022 700 46 11**
**Mar.-sam. 17h-2h**
**Menu autour de 60 Fr.**

Un bar-restaurant qui réussit chaque soir à faire croire

aux Genevois qu'ils bivouaquent à la belle étoile du côté de chez Schéhérazade. Il y a du tajine et des pétales de rose sur les tables basses et, bien sûr, des danses du ventre les vendredis et samedis. Ah, les sortilèges de l'Orient !

## DANSE

### La ville haute

#### Alhambra

**10, rue de la Rôtisserie (C3-4)**
**Lignes 2, 5, 10, 12 ou 36, arrêt Molard**
**☎ 0800 418 418**
**www.ville-ge.ch/culture/alhambra**
**Billetterie : lun.-ven. 10h-18h, sam. 10h-17h.**

Les fans d'entrechats qui auraient raté la dernière prestation du ballet du Grand Théâtre consulteront avec profit le programme du BFM (p. 55) et du Grütli (p. 47). Il arrive en effet qu'il y ait là de séduisantes performances. Cela vaut également pour l'Alhambra : ce mythique music-hall de 1918, situé derrière le Confédération Centre, affiche régulièrement des chorégraphies contemporaines, des comédies musicales et des soirées flamenco.

## JAZZ

***Ceux qui ne pourraient se passer de jazz peuvent pousser la porte des Enfants Terribles (apéro-jazz tous les jeudis soir l'été, p. 115), prendre un verre au Chat noir ou courir au Sud des Alpes !***

### Les Pâquis

#### Sud des Alpes

**10, rue des Alpes (C2)**
**Lignes 1, 3, 5, 8 ou 14, arrêt Gare-Cornavin**
**☎ 022 716 56 30**
**www.amr-geneve.ch**

L'Association pour l'encouragement de la musique improvisée (AMR) propose des jam-sessions débridées (mardi, 5 Fr), des ateliers, des concerts de crooners américains ou de saxophonistes suisses à succès transatlantique. En juin, elle organise un festival de jazz aux Cropettes (p. 61). *Let's boogie !*

### Carouge

#### Chat noir

**13, rue Vautier (F4)**
**Carouge**
**Ligne 12, arrêt Marché**
**☎ 022 307 10 40**
**www.chatnoir.ch**
**Mar.-jeu. 18h-4h, ven.-sam. 18h-5h**
**Entrée : entre 16 et 22 Fr.**

Ce « caveau » très populaire qui attire à la fois les pèlerins du jazz vivant (*jungle jazz*, latin jazz...) et de grooves urbains est *le* must des nuits carougeoises. L'ambiance est vraiment bonne et vous pourrez y encourager des *bands* locaux et des artistes en émergence.

## ALTERNATIF

### Au fil du Rhône

#### L'Usine

**4, place des Volontaires (B3)**
**Ligne 14, arrêt Palladium**
**☎ 022 781 34 90**
**www.usine.ch**

Recyclée en centre culturel alternatif, l'ancienne Usine Genevoise de Dégrossissage d'Or (UGDO) cultive le mélange des genres : déjanté, provoc' mais toujours underground. Vous y trouverez, côté quai des Forces-Motrices, le KAB et la salle de concerts autogérée par le PTR (Post Tenebras Rock, ☎ 022 781 40 04) ; côté place des Volontaires, un bar (le Moloko) ainsi qu'un espace multiplex, le Zoo (« Centre de détente pour animaux nocturnes » !), où l'on se déhanche sur des rythmes... abrasifs (tarifs : 12 Fr avant minuit, 15 Fr après) ; côté rue de la Coulouvrenière enfin, le théâtre de l'Usine (☎ 022 328 08 18, www.theatredelusine.ch) et le cinéma Spoutnik (www.spout-

### MUSIQUES DU MONDE

Inconditionnel de world music ? Non seulement le musée d'Ethnographie (p. 57) édite, sous forme de CD, les Archives internationales de musique populaire que le Roumain Constantin Brailoiu avait commencé à réunir en 1944, mais il organise aussi, au Sud des Alpes (billet à 15 Fr) ou à l'Alhambra (billet à 30 Fr), de formidables concerts qui explorent tous les répertoires de la planète : troubadours du Congo, polyphonies sardes, clarinette klezmer, chants syriaques, etc.

**Infos : Ateliers d'ethnomusicologie (ADEM)**
**10, rue de Montbrillant – Ligne 5, arrêt Poste**
**☎ 022 919 04 94 – www.adem.ch**

*1 - Platinum Glam Club*
*2 - Bypass*
*3 - Java Club*

nik.info ; projections mar. 20h ou 21h, mer.-jeu. 21h, sam. 18h, dim. 18h ou 20h ; entrée plein tarif : 11 Fr).

## NIGHTCLUBBING

### Au fil du Rhône

#### Platinum Glam Club

**18, quai du Seujet (A3/B3)**
**Lignes 1, 7 ou 15, arrêt Isaac-Mercier**
**☎ 022 738 90 91**
**www.platinum-club.ch**
**Mer.-sam. 23h-5h**
**Entrée : de 10 à 45 Fr.**

Le Platinum a le don d'attirer jet-set, yuppies et jeunesse dorée. Il faut dire que les DJs y sont performants et que la déco est inspirée du style Versace, et donc forcément tendance. Notez qu'ici, Kamikaze est un cocktail d'alcools blancs et Adam un mélange de thé froid, orange sanguine et cannelle.

### Les Pâquis

#### Java Club

**19, quai du Mont-Blanc (C2)**
**Ligne 1, arrêt Navigation**
**☎ 022 908 90 88**
**www.javaclub.ch**
**Mar.-sam. 23h-5h**
**Entrée plein tarif : de 15 à 20 Fr.**

Vous n'aimez pas trop les dancefloors alternatifs où l'on distille toutes sortes de sons psychédéliques, du heavymetal et du rock punk ? Essayez le White & Silver (15, Glacis-de-Rive) ou, mieux, le Java : situé au niveau « rez-lac » du Grand Hôtel Kempinski, ce club hyper glamour, chic et tout en paillettes dispose même d'un carré VIP avec sofas de velours pour s'isoler un peu.

### Hors visite

#### Bypass

**1, carrefour de l'Étoile (HP par A5)**
**Ligne 15, arrêt P+R Étoile**
**☎ 022 300 65 65**
**www.bypass-geneve.ch**
**Ven.-sam. et veilles de fêtes 22h30-5h.**

Inauguré en 2002 dans le quartier de la Praille (à l'ouest de Carouge), il s'offre un décor plutôt chic, tout en cuir blanc, verre fumé, marbre et bois, ainsi qu'une technologie dernier cri en matière de son et lumière pour vous faire chalouper sur les spécialités de la maison : la house et la *chill out*. Efficace.

#### MAIS AUSSI


- **Arthur's Rive Gauche** (p. 51)
- **Café des Bains** (p. 57)
- **Bar des Bergues** (p. 59)
- **Demi-Lune Café** (p. 96)
- **La Clémence** (p. 98)
- **Le Willi's** (p. 99).

# Classique, théâtre, cinéma

*1 - Grand Théâtre*
*2 - Comédie de Genève*
*3 - Bio*
*4 - Victoria Hall*

## MUSIQUE CLASSIQUE

### De part et d'autre de la place de Neuve

#### Victoria Hall

**14, rue du Général-Dufour (B4)**
**Ligne 7, arrêt Bovy-Lysberg ou lignes 1, 2 ou 15, arrêt Cirque**
**☎ 022 418 35 00**
**www.ville-ge.ch/vh**
**Prix des places : à partir de 25 Fr.**

C'est à l'initiative de sir Barton, consul à Genève de sa Très Gracieuse Majesté la reine Victoria, que l'on doit ce temple à l'acoustique exceptionnelle. Depuis son inauguration en 1894, il voit se succéder d'excellents virtuoses et orchestres : la Tonhalle de Zurich, le Philharmonique de Berne, l'Orchestre de la Suisse romande… sans oublier l'OCG, l'Orchestre de Chambre de Genève, dirigé par David Greilsammer. Du grand art garanti.

#### Conservatoire de musique

**Place de Neuve (B4)**
**Lignes 7, 12 ou 36, arrêt Place-de-Neuve**
**☎ 022 319 60 60**
**www.cmusge.ch**

Édifié en 1856-1858 pour Jean-François Bartholoni dans le même style italianisant que sa villa des bords du Léman (p. 64), le conservatoire de Genève s'est taillé une solide réputation grâce au Pr. Jaques-Dalcroze et au célèbre chef d'orchestre Ansermet, qui y ont exercé leurs talents. À l'affiche, un programme classique, parfois contemporain, qui devrait réjouir les mélomanes les plus pointus.

## OPÉRA & THÉÂTRE

### De part et d'autre de la place de Neuve

#### Grand Théâtre

**11, bd du Théâtre (B4)**
**Lignes 7, 12 ou 36, arrêt Place-de-Neuve**
**☎ 022 418 31 30**
**www.geneveopera.com**
**Billetterie : 5, place de Neuve, mar.-sam. 10h-18h**
**Prix des places : de 20 à 290 Fr.**

Du *Lulu* d'Alban Berg, mis en scène par Olivier Py, au *Lohengrin* de Daniel Slater, le Grand Théâtre est le haut lieu de l'art lyrique à Genève. Bâti sur le modèle de l'Opéra de Paris et inauguré en 1876 avec le *Guillaume Tell* de Rossini, il possède son propre ballet et accueille des chanteurs de haut niveau. Spectaculaire rideau de scène, signé Jacek Stryjenski.

#### Théâtre du Grütli

**16, rue du Général-Dufour (B4)**
**Lignes 1, 2 ou 15, arrêt Cirque**
**☎ 022 328 98 78**
**www.grutli.ch**
**Billetterie : 1h avant le spectacle (les billets non retirés sont remis en vente 15 mn avant la représentation)**
**Prix des places : 13 Fr.**

Ce théâtre propose une quinzaine de spectacles, parfois oniriques, souvent expérimentaux, qui font la part belle à la création régionale. Textes de la romancière hongroise Agota Kristof ou du Genevois Olivier Chiacchiari, mises en scène de Fredy Porras... : la programmation est toujours originale !

### Carouge

#### Théâtre de Carouge

**39, rue Ancienne (F5)**
**Carouge**
**Ligne 12, arrêt Ancienne**
**☎ 022 343 43 43**
**www.tcag.ch**
**Billetterie : lun.-ven. 10h-17h, sam. 10h-14h**
**Lever du rideau à 20h les mer. et ven., 19h les mar., jeu. et sam., 17h le dim.**
**Prix des places : 35 Fr.**

Pour mieux revisiter les classiques ou explorer en compagnie de fort bons metteurs en scène des pages moins connues du répertoire, signées Brecht, Toepffer ou Valentin, près de soixante-dix mille spectateurs prennent chaque saison le chemin de ce théâtre aménagé depuis 1972 dans une structure de béton et de métal.

### Hors visite

#### Comédie de Genève

**6, bd des Philosophes (B4)**
**Lignes 1, 12 ou 15, arrêt Plainpalais**
**☎ 022 320 50 01**
**www.comedie.ch**
**Billetterie : lun. 13h-18h, mar.-ven. 10h30-18h, sam. à partir de 13h, dim. à partir de 15h30**
**Prix des places : 27 ou 45 Fr.**

Ce beau théâtre (1913) est dirigé par Hervé Loichemol, qui ne ménage pas ses efforts pour monter des textes engagés, à caractère social ou documentaire, d'auteurs contemporains comme Lars Norén *(Automne et Hiver)* ou Valère Novarina *(L'Acte inconnu)*. La tendance, on l'aura compris, est donc plutôt au... sérieux. En prime : débats, lectures, expositions et brunchs.

## CINÉMA

### Carouge

#### Bio

**47, rue Saint-Joseph (F4-5)**
**Carouge (voir p. 66)**
**Ligne 12, arrêt Marché**
**☎ 022 301 54 43**
**www.cinema-bio.ch**
**Séance : 16,50 Fr (le lun. 12 Fr).**

Il n'est peut-être pas aussi impressionnant que le mémorable Plaza de Genève (où l'espace entre les rangées de sièges atteignait 1,30 m !) mais il est le plus vieux cinéma du canton : le Bio de Carouge a ouvert ses portes en 1928, à l'époque du... muet ! Et grâce aux dons de particuliers qui « parrainent » des fauteuils, il continue à programmer d'excellents films à 14h15, 16h30, 18h45 et 21h. Le petit plus ? Le sympathique café où Claudine sert des börek épinards & feta à 6,50 Fr !

### Au cœur des Eaux-Vives

#### Les Scala

**23, rue des Eaux-Vives (D3)**
**Lignes 2 ou 6, arrêt Rue-du-Lac**
**☎ 022 736 04 22**
**www.les-scala.ch**
**Séance : 16,50 Fr (12 Fr le lun., 10 Fr sur abonnement).**

Vous faites partie de ces cinéphiles friands de films inuits ou géorgiens ? Optez pour ce vieux cinéma de 1949 qui ne paie pas de mine ! Ses propriétaires y ont aménagé trois salles d'art et essai qui vous permettront de voir sans entracte... le dernier Chéreau ou le prochain Lounguine, mais aussi des courts et longs métrages de réalisateurs suisses. En novembre, on y accueille le festival Filmar en America Latina.

#### MAIS AUSSI...

- **Am Stram Gram** (p. 107)
- **Le Poche** (voir p. 45)
- **Le Théâtre du Loup** (10, chemin de la Gravière, A4-5, ☎ 022 301 31 00, www.theatreduloup.ch).

***Voici à l'attention des visiteurs quelques mots et expressions en usage à Genève et en Suisse romande – des termes administratifs, ruraux, argotiques, régionaux... – qui ne figurent pas toujours dans les dictionnaires publiés en France voisine. Ce petit lexique n'a d'autre ambition que d'en préciser le sens.***

## A

***À l'emporter*** : à emporter. Ex. : « une pizza à l'emporter ».
***Action*** : « promo ». Mot emprunté à l'allemand de Suisse *Aktion*, « vente d'un article à prix réduit ».
***Arcade*** : boutique, local commercial.
***Atriau*** : « crépinette », charcuterie à base de foie de porc haché, assaisonné de fines herbes et enveloppé d'un morceau de crépine.
***Automate à billets*** : distributeur automatique.

## B

***Ballon*** : petit pain de forme sphérique. Ex. : « un ballon au cumin ».
***Bar à café*** : établissement où l'on sert des boissons non alcoolisées.
***Boguet*** : vélomoteur, « mob » (un peu vieilli aujourd'hui). Ex. : « rouler en boguet ».
***Bordier*** : riverain. Ex. : « bordiers autorisés » (panneau de signalisation routière).
***Bricelet*** : petite gaufre mince et croustillante, sucrée, qui se cuit dans un fer spécial. Mot dérivé du français *bressel*, cousin de l'allemand *Bretzel*.

## C

***Case postale*** : boîte postale. En abrégé : C.P.
***Catelle*** : carreau de céramique vernissé, utilisé pour le revêtement des poêles de faïence. Issu du mot suisse alémanique *chachel*, « écuelle, carreau de poêle ».
***CFF*** : sigle des Chemins de fer fédéraux (suisses). Ex. : « les lignes CFF », « la gare CFF ».
***Channe*** : coupe ou broc en étain, muni d'un couvercle. Ex. : « une channe de vin rouge ». Du latin *canna*, « cruche ».
***Chasse*** : gibier.
***Cœur de France*** : palmier (gâteau).
***Colis inscrit*** : colis recommandé. Ex. : « voulez-vous inscrire votre paquet ? ». Calque probable de l'allemand *eingeschrieben*, de même sens.
***Cornet*** : sac en papier ou en plastique. Ex. : « désormais, il faut payer les cornets au supermarché ».
***Cuchaule*** : variété de pain au lait et au safran, dont la pâte rappelle celle de la brioche. Ex. : « tartiner une cuchaule avec de la moutarde de bénichon ». Mot d'origine fribourgeoise.

## D-F

***Déci*** : décilitre. Ex. : « un demi-déci de crème », « trois décis de blanc ».
***Dent de lion*** : pissenlit. Ex. : « une salade de dent de lion ».
***Dès*** : à partir de. Ex. : « dès 20 Fr par mois », « vous pouvez m'appeler dès 15h » (= à partir de 15h).
***Fourre*** : chemise en plastique transparent servant au classement des documents.

## J-L

***Jouer*** : fonctionner correctement, convenir, tomber juste. Ex. : « pour huit heures, ça joue ? ».
***Longeole*** : grosse saucisse de porc contenant de la couenne de porc hachée (spécialité genevoise).

## M-N

***Malakoff*** : beignet au fromage et aux œufs.
***Matu(rité)*** : bac(calauréat). Ex. : « rater sa matu ». Correspond à l'allemand de Suisse *Maturität*.
***Natel*** : téléphone portable.
***Nonante*** : quatre-vingt-dix. Ex : « Grand-maman a fêté ses nonante ans », « nonante-cinq francs ».

## P

***Panosse*** : serpillière. Du latin *pannucia* ou *paniculus*, « morceau de tissu, chiffon ».
***Parchet*** : parcelle de vigne. Ex. : « vendanger les parchets ».
***Parcomètre*** : horodateur.
***Péclot*** : (vieille) bicyclette, « bécane ». Au XVIII^e s., le mot *péclot* désignait une mauvaise montre.

## R

***Raisinets*** : groseilles rouges. Ex. : « une confiture de raisinets ».
***Rampon*** : mâche. Ex. : « une salade de rampon ». Mot probablement d'origine piémontaise.
***Rebibes*** : copeaux de fromage ; au figuré, « miettes, petits restes ».
***Renversé*** : café comportant plus (ou autant) de lait que de café. Probable calque de l'allemand *Kaffee verkehrt*.
***Ristrette*** : petit café serré à l'italienne, fait au percolateur. De l'italien *ristretto*, « tassé, serré ».

## S

***Septante*** : soixante-dix. Ex. : « après septante-sept minutes de jeu », « dans les années septante ».
***Service !*** : « je vous en prie ! », « de rien ! », « il n'y a pas de quoi ! ».
***Stamm*** : lieu de réunion d'habitués, bar où se retrouvent des supporters, etc. Emprunté à l'allemand de Suisse Stamm (« réunion habituelle d'un groupe de personnes à une table de restaurant »).

## T

***Tout de bon !*** : formule de souhait employée au moment de prendre congé.
***Tresse*** : pain brioché en forme de tresse. Calque du mot bernois *züpfe*, « tresse ».

## U-V

***Urf*** : chic, BCBG.
***Verrée*** : tournée, apéritif (au sein d'une association, d'une entreprise...). Ex. : « payer une verrée ».
***Vogue*** : fête patronale. Ex. : « la vogue de Vernier a battu son plein ce week-end ».
***Votation*** : vote (référendum, élection, initiative). Ex. : « à l'issue de la votation du 26 juin ».

Édition originale établie et mise à jour par **Jean-Philippe Follet**.
Ont également collaboré à cette édition : **Claire Jehanno, Aurélie Joiris-Blanchard** et **Bertrand Lauzanne**.

Cartographie : **Frédéric Clémençon** et **Aurélie Huot.**

Conception graphique de la couverture et de la maquette intérieure : **Thibault Reumaux.**

Mise en pages intérieure : **Chrystel Arnould.**

Contact publicité : **vhabert@hachette-livre.fr** ou ☎ **01 43 92 32 52.**
Contact presse : **rmazef@hachette-livre.fr** ou ☎ **01 43 92 36 66.**

Écrivez nous :

**Aussi soigneusement qu'il ait été établi, ce guide n'est pas à l'abri des changements de dernière heure, des erreurs ou omissions. Ne manquez pas de nous faire part de vos remarques. Informez-nous aussi de vos découvertes personnelles, nous accordons la plus grande importance au courrier de nos lecteurs :**

**Guides Un grand week-end, Hachette Tourisme, 43 quai de Grenelle – 75905 Paris Cedex 15**
**E-mail : weekend@hachette-livre.fr**

## Crédit Photographique

**Intérieur**

**Toutes les photographies sont de Nicolas Edwige, à l'exception de celles des pages suivantes :**

**Patrick Forget :** p. 4, p. 5, p. 7 (b. c.), p. 13 (ht c.), p. 14 (b. c.), p. 15 (ht c., b. c.), p. 17 (ht c., b. c.), p. 19 (c. g.), p. 21 (ht c.), p. 41 (b. c.), p. 50, p. 55 (ht d.), p. 59 (c. g.), p. 61 (ht c.), p. 69 (c. d.), p. 72, p. 73 (ht d.), p. 74 (ht g., ht d.), p. 75 (ht g.), p. 91 (b. g.), p. 92 (ht d., b. d.), p. 93, p. 96 (ht g., ht d., b. d.), p. 99, p. 103, p. 105 (ht g.), p. 107 (ht c.), p. 108 (ht g.), p. 109 (c.), p. 110 (ht g.), p. 111 (c. g.), p. 115 (ht d., b. d.), p. 117 (c. g.), p. 120 (ht g., ht d.), p. 121, p. 124 (ht g., b. c.), p. 125 (b. c.), p. 126 (ht g.), p. 127 (b. c.), p. 128 (ht g., ht d.), p. 129, p. 132 (ht g. ht d.), p. 135 (b. d.).

**Patrice Hauser :** p. 1, p. 2, p. 3, p. 6 (ht g., ht d.), p. 7 (ht c., ht c., ht d., c. d.), p. 8, p. 19 (b. c.), p. 25 (b. c.), p. 27 (c. g., ht c.), p. 28, p. 29 (c. g., ht c.), p. 40, p. 41 (c.), p. 43 (c. g.), p. 44 (b. c., ht c.), p. 49 (ht c.), p. 51 (ht c., c. d.), p. 55 (ht c., b. c.), p. 57 (c. d.),, p. 58, p. 59 (ht c.), p. 65 (c.), p. 73 (b. c.), p. 77, p. 86, p. 88, p. 91 (ht g., b. d.), p. 94, p. 95, p. 96 (b. g.), p. 97, p. 100, p. 102 (ht g., ht d.), p. 105 (c.), p. 106 (b. c.), p. 107 (b. c.), p. 109 (b. c.), p. 111 (b. c.), p. 113 (c. g.), p. 114 (ht g., ht d.), p. 122 (ht g., ht d.), p. 123 (c. g., ht c.), p. 124 (c. g.), p. 126 (ht d.), p. 136 (ht g., b. g.).

© *Les Objets de l'art contemporain*, Karine Tissot, co-édition L'APAGE et Editions Notari, 2011/ graphisme : So2design.ch/illustration : Sylvie Fleury, Retrospective, 2008 : p. 29 (b. d.)

**Photothèque Hachette :** p. 24 (ht.g.)
**Musée d'Ethnographie de Genève** © **J. Watts :** p. 27 (c. d.)
© **Youri kravtchenko :** p. 69 (c.)
© **Corinne Plouviez Resentera :** p. 113 (b. c.)
© **Zoé Russbach Djodji :** p. 67 (ht. d.)

**Couverture**

© **Patrice Hauser** à l'exception du visuel principal © **Getty Images**/travelstock44/LOOK-foto

## Illustrations

Virginia Pulm



Édité par Hachette Livre (43, Quai de Grenelle, 75905 Paris Cedex 15)
Imprimé par Polygraf (Capajevova 44, 08199 Presov, Slovaquie)
Achevé d'imprimer : décembre 2012
ISBN : 978-2-01-244817-9
Dépôt Légal : décembre 2012 – Collection N° 44 – Édition : 01

# UN GRAND WEEK-END

- Amsterdam
- Athènes
- Barcelone
- Berlin
- Bruxelles
- Budapest
- Dublin
- Édimbourg
- Fès, Meknès
- Genève
- Istanbul
- Lisbonne
- Londres
- Madrid
- Marrakech
- Metz
- Montréal
- Mulhouse
- Naples
- New York
- Paris
- Prague
- Rome
- Saint-Pétersbourg
- Séville
- Stockholm
- Venise
- Vienne

weekend@hachette-livre.fr
www.facebook.com/GuidesUnGrandWeekend